Julio, un fuerte
abrazo por tu interés (¿?
por lo pronto siguiendo mi lucha
de clases...

Dom/84
NYC.

LOS PARAGUAS AMARILLOS

Los paraguas amarillos

Los poetas latinos en New York

Iván Silén

EDICIONES DEL NORTE   BILINGUAL PRESS

Primera edición 1983 (co-edición: Ediciones del
Norte con Bilingual Press)

portada: David Speidel/The Slide Center

diseño: Joan Ames
ISBN 0-9100-61-16-5

ÍNDICE

Prefacio para un encuentro con la muerte

Un poeta es aquel que tiene conciencia de su fatalidad...

Octavio Paz

Agrupar una generación de poetas que escriben en español (Nueva York y lugares adyacentes) es una labor sumamente difícil pues rencillas, malos entendidos, conceptos estéticos, políticos, y prejuicios de clase—la moral como lucha ideológica de las clases—influyen para hacer de esta labor (la labor del verdadero poeta siempre es contra la República) una experiencia de los límites. Trabajo arduo pues implica una selección del material recogido donde, sobre todas las cosas, se ha tratado de establecer un balance estético. Esto es parte de la responsabilidad que yo he asumido históricamente sabiendo que puedo fracasar, pero sobre todo, seducido por dicho fracaso. No han influido posturas políticas, aunque la antología en sí lo sea (no se ha censurado a nadie políticamente, ni moralmente) sino que sólo he tratado de establecer un criterio—difícil por demás—de calidad estética que nos ha hecho discriminar desgraciadamente sobre algunos "poetas" (aunque con Nietzsche, pero más "lejos" que él, podamos exclamar: "¡Ay, qué cansado estoy de los poetas!"[1] Esta cita parecerá contradictoria a los que no conozcan mis trabajos filosóficos,* casi todos inéditos, y que son una forma de contestar al mito romántico del poeta que el poder maneja y que algunos escritores aquí incluidos sufren).

Hemos asumido esta responsabilidad porque por primera vez en la historia de la poesía latinoamericana y española se han agrupado tantos poetas en Nueva York, ciudad del exilio por excelencia. Voces tan diferentes y tan encontradas como lo son las de los poetas incluidos. Frente a esta situación he tenido que establecer decisiones duras, decisiones que he venido pensando a través de dos años (verano del 81 hasta el presente), sabiendo lo que tiene de terrible y cruel nuestra decisión estética, pero al mismo tiempo asumiendo con libertad, no podía ser de otra manera, la máscara del antólogo como problema político de la cultura.

Este texto gritaba por su ontología. Su necesidad poética e histórica lo reclamaba. Y le he salido al paso (la cooperación de Jaime Giordano ha sido indispensable) como testigo que armoniza en su propio ser la necesidad y el deseo. He recogido el reto que amerita dicha carencia histórica y la estoy llenando con esta antología de Los paraguas amarillos. *¿Por qué el título de* Los paraguas amarillos? *Contemplar la realidad es*

---

[1]F. Nietzsche, *Así habló Zaratustra* (Madrid: Alianza Editorial, 1973) Pág. 190
*Véase mis ensayos *Del exilio a la pariania* y *La hermafrodita sin kotex*.

siempre contemplar la ficción de la clase dominante, como el vacío de lo
bello *donde la estética se impone desde arriba; entendiendo* lo bello *como
invento—concepción del poder o la disidencia—como propiedad privada
de la clase que se impone sistemáticamente a través de sus estructuras (la
escuela, la prensa, la academia; arte, filosofía, literatura, editoriales,
revistas, congresos, etc.) a los que yacemos indefensos frente a su
propaganda, o frente al slogan político en el que* el héroe *lo deforma.* Lo
bello *como simulacro por el cual se intenta ocultar lo fatal apropián-
dose de él—domesticándolo, haciéndolo inofensivo, convirtiéndolo en
cliché, transformándolo en su ser cursi. Frente a esta pantomima,
tomamos la "inexistencia" de estos poetas (los que todavía yacemos
como prohibición de la cultura) para que irrumpan del no-ser al ser como
trabajo (político, revolucionario, lírico) contra la censura de una cultura
que, en el mejor de los casos, se viste como "libertad de expresión". Se
viste, claro está, como mito de la clase que la vigila. Consciente de este
movimiento de la cultura dentro de lo real, asumimos el título de* Los
paraguas amarillos *contra dicha prohibición social.*

*Sé (estamos radicalmente convencidos) que dicho texto se irá
nutriendo con el trabajo de los poetas que lo contienen. Que su segunda
impresión (no importa cuándo ésta acontezca) brotará del desarrollo o la
muerte de los poetas incluidos. Apostamos perversamente hacia su labor
(aunque participamos en la antología como crítico de ellos) que crecerá
insomnio tras insomnio, o alegría tras alegría, en su camino hacia lo
fatal. Esta es nuestra diferencia y nuestra fe: creemos en la pasión de la
indiferencia o en la indiferencia de la pasión de una poesía (desgraciadamente este deseo no está en todos los poetas que forman el texto) que
nos aleja de algunos textos poéticos que se visten de "fashion," de
"éxito," y nos acerca a otros que denuncian, sin caer en el cliché o el
estribillo del gusto de la clase dominante. Aquí no podemos dejar de
pensar en el verso de Fernando Pessoa que nos ilumina:*

> *La belleza es el nombre de algo*
> *que no existe*[2]

*El movimiento de lo que no existe es la imagen inédita de lo que
entendemos por belleza en el trabajo de la poesía. Ya a diecisiete años del*

---

[2]F. Pessoa, *El poeta es un fingidor* (Madrid: Espasa-Calpe, 1982) Pág. 165

2,000 nosotros creemos en esta soledad del trabajo inútil que viene de lo colectivo, de la excepción; creemos en el manejo del lenguaje (esa zona de la contradicción, de la ironía) que cada uno de ellos—éste es nuestro deseo—maneja, manejó o manejará contra la costumbre de la palabra, que al tocar su ser-inédito, destruye el lenguaje como construcción. Creemos en su lenguaje como realidad de una ontología que irrumpe a veces contra el concepto de patria, o el concepto de latinoamericanidad de la burguesía. Y creemos en el lenguaje de alguno de ellos como secreto, porque dentro de ellos late ese lenguaje del mal como "...secreto que me han revelado todos los asesinos..."[3], porque el lenguaje nos permite cometer todas las ternuras y

...todos los crímenes...[4]

como fracaso político de nuestra soledad, de nuestra excepcionalidad. El ser-fracaso-político en las limitaciones que impone la colonia (Puerto Rico) o la neo-colonia (Latinoamérica). El ser de la poesía que denuncia la paradoja política. Por esto que acabo de afirmar es que no es gratuito que sea un puertorriqueño quien se haya lanzado a la tarea de agrupar estos poetas que hoy por hoy, en el mejor de los casos, asumen una relación de ruptura con el lenguaje como lengua mercantil—el lenguaje de la clase para el ser como mercancía, la ontología como fetiche. Marx dice:

*La medida en que el dinero...
es el poder real me da el ser...*[5]

II

Este trabajo irrumpe no sólo para llenar un vacío sino para asumir ese momento histórico que ya hemos señalado y que, a diferencia de otros momentos históricos, es tomado críticamente por los mismos poetas que, conscientes de lo que implican sus voces, "ontologizan" la prosa para "liberarla". No es gratuito que algunos poetas (*Ramos Otero:* La novelabingo; *Isaac Goldemberg:* La vida a plazos de don Jacobo Lerner; *Heberto Padilla:** En mi jardín pastan los héroes; *Iván Silén:* La biografía; *Jaime Manrique:* Colombian Gold, *etc.) hayan cultivado*

[3-4]Ibid., Págs. 261, 262.

[5]C. Marx, *Manuscritos Económicos-filosóficos* (México: Fondo de Cultura Económico, 1978) Pág. 158

la prosa como posibilidad a su decir poético. Otros, por ejemplo, desembocan a la crítica desde diferentes vertientes teóricas (Roberto Echavarren: El espacio de la verdad: *Felisberto Hernández; Octavio Armand:* Superficie; Iván Silén:* El llanto de las ninfómanas; *Jaime Manrique:* Confesiones de un crítico amateur, *etc.). Poetas que no se han quedado en la poesía sino que se han movido hacia otros planos poéticos problematizándolos hasta el punto de ser silenciados a veces por las revistas oficiales.*

Tal vez éste sea el precio a pagar por todas las voces nuevas del mundo. Voces que de una forma u otra ponen en entredicho el gusto imperante de los poetas oficiales (lo mismo de derecha que de izquierda) y que se protegen de los poetas que se alinean frente a las instituciones que buscan silenciarlos. Y aquí la voz de Artaud se hace un imperativo categórico cuando dice:

> *...Usted quiso reparar en su corazón la injusticia de que había sido objeto al haber sido tratado como un alienado y maltratado a raíz de un gesto, de una actitud, de una manera de hablar y de pensar que fueron en la vida los del hombre de teatro, del poeta y del escritor que yo era.[6]*

La cultura nos vigila. La clase dominante nos vigila. El lector podrá descubrir fácilmente a los que yacen entregados a la borrachera de la cultura y a la seducción a través de la fama y del éxito. Pero frente a esta situación-Artaud, frente a esta situación-Martín Adán, Nueva York, curiosamente, provee un espacio—el exilio—donde los poetas viven "protegidos", donde los poetas pueden asumir posiciones frente al caso El Salvador, frente al caso Nicaragua, frente al caso Polonia o Puerto Rico sabiendo que detrás del "exilio" los eunucos del FBI vigilan.

Poesía consciente de sí misma (que sabe el lugar que juega políticamente: Padilla-Armand; Escobar-Soto Vélez, etc.). Poesía que, por otro lado, busca la solidaridad en la amistad (Gómez, Cañas, Hernández, etc.) de una lengua que se sabe el otro Nueva York. El diálogo con los poetas norteamericanos es rudimentario, y en el mejor de los casos, se hace paternalista en una cultura que nos soporta marginalmente. Poesía que busca

---

*Estos poetas no contestaron la invitación de participar en la antología.
[6]A. Artaud, *Cartas desde Rodez, tomo II* (Madrid: Editorial Fundamentos, 1976) Pág. 13

viii

dentro de la tradición aquellos poetas (Pessoa, Artaud, Kavafis, Vallejo, Martín Adán, Lezama, Paz, Palés, Whitman, Borges, Santa Teresa, Hölderlin, etc.) que de alguna manera nos estimulan a redescubrir una ontología-de-la-paradoja que vive de su propio desamparo político: ¡la burocracia socialista sin revolución proletaria! Ontología de una lengua que se ha tenido que enfrentar a España políticamente para saber quién es, y que curiosamente asfixia la lengua puertorriqueña (en lucha de clase) frente al imperialismo yanqui, o frente al llamado "spanglish" de los especialistas de la academia.

Poesía rabiosa, crítica de sí, consciente de lo que violenta cuando un poeta como Rosario Ferré canta:

> Polifema me observa en el espejo
> con el único ojo de su sexo...

Poesía altamente sexual, pero sobre todo, poesía lírica. Un lirismo vigoroso opuesto fundamentalmente a la cursilería de los poetas modernistas. Feísmo que funciona contra el gusto burgués de la poesía. Y al mismo tiempo, un lirismo metafísico donde los poetas cerca de Heidegger, de Nietzsche, de Kierkegaard, y para asombros de muchos, del Marx lírico,* irrumpen a una nueva definición del ser. Es tal vez el momento donde Lastra pregunta al fantasma de los palacios de Santa Teresa (Las Moradas) o al fantasma del palacio de Sade (Filosofía del tocador) lo siguiente:

> ¿Quién es este monarca sin cetro ni corona
> extraviado en el centro de su palacio?

y Soto Vélez en la contradicción de sus versos afirma:

> Lo conocí
> ayudando
> a no enterrar
> su muerte
> para dar
> testimonio del cadáver que canta...

---

*Véase los *Manuscritos económicos-filosóficos* de Karl Marx.

y que de alguna forma nos recuerda la poesía de Alberto Caeiro que parodiando a Hegel dice:

Pensar es incómodo como andar bajo la lluvia
escribo versos en un papel que hay en mi pensamiento[7]

De esto al encuentro con Pedro Pietri, el poeta más importante de la llamada poesía "newyorican"[*] (Piñeiro, Hernández Cruz, Reyes, etc.), no hay más que un paso. Entonces la presencia de Rubén Darío nos alcanza, nuevamente, para poner el dedo sobre un acontecimiento que, desde la anexión de Texas, nos muestra su máscara apocalíptica. Luego será la Guerra hispanoamericana (1898—el año del trauma la llamó Manrique Cabrera) irrumpiendo como la guerra por la continuidad del derecho al pillaje. España perdía su destino histórico—el destino manifiesto—como deseo de "civilizar" (Menéndez Pidal, El padre Las Casas; Marcel Bataillon, Estudios sobre Bartolomé de Las Casas; y Juan Goytisolo, El furgón de cola) a manos de Estados Unidos. Han sabido los poetas más sensibles—"esquizofrénicos" o místicos—que todo imperio es ontológicamente malsano porque destruye la realidad económica en donde se construye dicha visión del ser. Los poetas sabemos (por lo menos el poeta materialista *que propongo) que donde quiera que ha llegado "civilización" (Africa, China, etc.) ha habido matanza. Es entonces cuando la voz de Darío se hace poderosa:*

Eres los Estados Unidos,
eres el futuro invasor...[8]

El futuro es hoy. Y en ese futuro, que acontece en nuestro instante inmediato como el rostro de la paradoja, la voz de Darío se torna un interrogante:

¿Tantos millones de hombres
hablaremos inglés?[9]

Pregunta patética cuando nos confronta desde el amigo, o desde el poeta

[7]F. Pessoa, *El poeta es un fingidor* (Madrid: Espasa-Calpe, 1982) Págs. 153-154
[*]Véase de J. Marzán (1946) los poemas "Epitaph" y "Friday Evening".
[8]Homero Castillo, *Antología de poetas modernistas hispanoamericanos* (New Jersey. Prentice-Hall, Inc. 1972) Pág. 175
[9]Ibid., Pág. 180

que nace en el ghetto como anuncio del poeta proletario. *Poetas que intentan escribir en español sin alcanzar la lucidez y la maestría que logran en inglés aún en la extrañeza de una lengua que se les impuso a través de un despojo.*

No podemos dejar de pensar en Platón* *(la expulsión de los poetas en* La República*) que se realiza brutalmente en este ostracismo económico (la emigración puertorriqueña, o la emigración chilena o la argentina, estas últimas "protegidas" por el neocolonialismo de la cultura burguesa) que irrumpe con ostracismo dentro de la misma lengua española con el visto bueno de la "intelectualidad" latinoamericana. Es precisamente en estos momentos donde los "versos" de Heidegger ("El pensamiento trabaja para construir la casa del ser..."*[10]*) chocan brutalmente con la realidad política. ¿Qué casa del ser será ésta; qué casa del ser es ésta cuando poetas de la altura de Pietri y Hernández Cruz son echados, expulsados económicamente, que aquí quiere decir metafísicamente, políticamente de la lengua de su infancia?*

La voz de Pietri es la voz de un poeta puertorriqueño en una ontología irreal. Clara como la de Darío, trágica como la de Darío no fue, a pesar de "Lo fatal", cuando dice en "Telephone booth number 19 or 60", lo siguiente:

...her destiny to understand his
committed suicide in all my dreams...[11]

Tal vez en Nueva York ocurra un fenómeno curioso, debido, claro está, a su situación de exilio, y es la diferencia que hay entre la antología poética del crítico José Olivio Jiménez (Antología de la poesía Hispanoamericana contemporánea), donde la poesía puertorriqueña funciona dentro de un marco latinoamericano y Los paraguas amarillos, en donde el marco se ha roto. El exilio político del hombre puertorriqueño con los 491 años de exilio y coloniaje lo fuerza y hace que se una su voz a la de otros en un exilio económico y ontológico real. Y tal vez por eso sea Julia de Burgos (1914-1953) el primer poeta latinoamericano que muera en la ciudad de Nueva York. Ella, como quien juega a la ruleta o al azar, dice:

---

*Véase mi ensayo Platón, el flautista de Hamelín.
[10]M. Heidegger, *Carta sobre el humanismo.*
[11]Q. Trope & Schulte, *Giant Talk* (New York: Vintage Books) Pág. 373

> Dadme mi número, porque sino
> me moriré después de muerta![12]

Y seguidamente en el tiempo, se confronta a su destino (post-romántico) de amante fatal en donde se hace suicidio de mujer para descubrir su ser-poeta cuando dice:

> Un clavel interpuesto entre el viento
> y mi sombra,
> hijo mío y de la muerte, me llamarán
> poeta.[13]

Es en este desamparo (parecido al de otros poetas: Cernuda, Rilke, Nerval, Hölderlin, etc.) donde el poeta descubre su ontología de harapo para saber finalmente quién es. Y nos trae a la memoria un texto crucial, por su ironía, donde Borges, metafísico por excelencia, dice:

> Por lo demas, yo estoy destinado a
> perderme definitivamente...yo
> he de quedar en Borges no en mí...[14]

Y aquí la voz de Díaz Casanueva se hace una necesidad blasfémica cuando canta:

> No me veneres
> lo único que yo quiero es ser vengado...

El poeta dará con su cacharro contra el ángel sospechando que detrás de cada golpe suyo un ruido más terrible se impone. Tal vez son los tanques del héroe que disparan contra los desposeídos. Entonces la venganza es posible. Hemos cruzado del pecado a lo-separado; de la caída a lo-sabio. Los cuchillos relumbran. Y Rilke desde la "Segunda Elegía" canta:

> Todo ángel es terrible.[15]

---

[12]Julia de Burgos, *El mar y tú* (San Juan: Ediciones Huracán, 1981) Pág. 54

[13]Ibid., Pág. 92

[14]J.L. Borges, *Obras Completas* (Buenos Aires: Emecé Editores, 1974) Pág. 808

[15]R.M. Rilke, *Obras* (Madrid: Plaza & Janés Editores, 1971) Pág. 775

Y ahí en la presencia del ángel donde el cacharro del poeta suena irreal, Miranda Archilla dice:

> *Amarrado a su sombra por gruesas*
> *llamaradas...*

Amarrado al ángel en sueños que arden el poeta golpea con su lata el cuerpo del ángel para descubrir la hermafrodita: el vuelo de la materia a su contradicción y síntesis. La ilusión de la materia. Estamos ante el placer como alegría del cuerpo. Y estamos ante la tristeza como dolor del espíritu. Cuando el poeta materialista golpea al ángel con su trasto descubre que la materia de éste pertenece a la materia del humo. Descubre el dolor de la sed que lleva a renacer, poema tras poema, en busca del ser que no es y es imposible que sea a menos que no posea una estructura política que lo proteja de su ser-fantasma. El ser material del ángel es su apariencia. Tal vez por esto es que André Barareau hablando de Buda diga:

> *La sed (tisna) es el deseo de las diferentes clases de*
> *objetos, de las formas, de los sonidos, de los olores, de*
> *los sabores, de las cosas tangibles y de las ideas.[16]*

No podemos dejar de pensar entonces en la frase de Cristo desde la cruz: "Tengo sed", que a la luz de Buda quiere decir "¡Tengo deseo del dolor que tengo. Tengo deseo de la lujuria. Deseo tengo del pensar. Deseo de la idea que soy."

Entonces aquí, en esta zona sagrada del deseo, no puede faltar esa denuncia que Fragoso recogió, antes de su muerte prematura (tal vez toda muerte sea prematura), de la experiencia de esa muerte colectiva y cotidiana que es el tecato (el que escapa a la realidad ontológica—política y personal—a través de la heroína: "¿quién soy?". Pregunta trágica frente a lo híbrido y frente al absurdo. Pregunta patética frente a la ruina.) donde el poeta siente la sangre de ese hombre políticamente destruido por la "civilización". Donde el poeta busca en los amores ilícitos la sangre como suplemento del semen: "...mojarme con la sangre de un tecato..."[17] Mojarse con el semen de los cristos. Esto que esta poesía recoge de la vida es lo político-sexual censurado en el discurso cotidiano de la lengua. No irrumpe aquí como la ingenuidad que describe Foucault, de

---

[16] André Barareau, *Buda* (Madrid: Edaf, 1981) Pág. 52
[17] V. Fragoso, *El reino de la espiga* (Nueva York: Colección "Nueva sangre", 1973)

aquel hombre de la época victoriana que se enorgullecía en no asumir ninguna omisión frente a lo sexual. Pues no es cosa de entender el sexo como lo ha entendido la burguesía que lo rastrea textualmente para vigilarlo:

> Policía del sexo: es decir, no el rigor de una prohibición sino la necesidad de reglamentar el sexo mediante discursos útiles y públicos.[18]

sino de devolver al discurso sexual de lo oculto su inutilidad: la política del sexo como inútil, como placer sin meta. Rechazo de la prohibición en un exilio que contempla el desastre de su propia ilusión hacia la tierra prometida. Discurso de lo oculto, no para cegarse con la luz sino para establecer en ella, políticamente, la visión que exhibe: lo patético exhibido, lo absurdo de la vitrina de un discurso que viene de lo real a hacerse discurso en lo real: media luna de la voz que se completa en el medio círculo de la escritura (lo poético) estableciendo la ironía sobre el "yo"-poético que llega a sentirse como ente-real. Tal vez (fíjese el lector que decimos tal vez) esto sea lo más radical que sucede en el discurso poético: la corrección de la teoría—el prejuicio de la teoría corrigiéndola—desde la experiencia poética misma. Y Caeiro una vez más dice:

> Yo no tengo filosofía: tengo sentidos...[19]

Esto, la metafísica del cuerpo, el cuerpo como pensamiento, la poesía como existencia real opuesta a la voz del crítico hegeliano que dice:

> ...la poesía se convierte en el espacio testimonial y procesal del yo vital comprometido enteramente en un yo poético.[20]

o Carlos Resto Solo cuando canta en oposición a la teoría:

> Lo sé hace tiempo: la madre es el
> cómplice perfecto. Pero no voltees los ojos
> que nos oyen. No voltees el yo-poético
> que estoy vacío. (La lluvia vacía en
> esta calle de Waverly: tú pasas

---

[18]M. Foucault, *Historia de la sexualidad* (México: Siglo XXI, 1977) Pág. 34
[19]F. Pessoa, *El poeta es un fingidor*; Pág. 155
[20]J. Ortega, *Figuración de la persona* (Madrid: Edhasa, 1970) Pág. 15

y no hay nadie. Tú pasas y no me ves
diciendo sobre ti que paso.[21]

La poesía como el cuerpo de la idea. La poesía como filosofía de los
sentidos. Esa osadía filosófica del poeta materialista *de corregir la gran*
incisión en Hegel, y de todos los que de alguna manera le siguen: Ortega y
Gasset, Barthes, etc. El poeta como el corrector—¡el corrector de pruebas
del espíritu!—del discurso filosófico. El poeta como el corrector del
estructuralismo.* *(El lector debe, de ahora en adelante, estar atento a esta*
poesía que se defiende teóricamente desplazándose hacia la prosa—
establece ironía en su decir poético y crea problemas filosóficos al estruc-
turalismo, al desconstructivismo, al psicoanálisis: Lacan; y por qué no, al
marxismo). Una poesía que se hace idea para invadir a la prosa y poeti-
zarla hacia la experiencia límite de los antiensayos.

Pero parte de esta poesía no se detiene aquí sino que gira sobre sí misma
y se desplaza al tema tabú—porque en la vida es tabú—de una homo-
sexualidad que se ha convertido, de alguna manera, en bandera de guerra
en la voz individual de algunos poetas (Cañas, Oliva, Echavarren,
Enrique Giordano, etc.) que buscan desde la ilusión de su "yo", en los
vanitys de la muerte, irrumpir a esas zonas del amor que tanto el capita-
lismo, como las burocracias de izquierda, han censurado a través de sus
aparatos policiales. De esto Foucault comenta:

> *El homosexualismo del siglo XIX ha llegado a ser un*
> *personaje: un pasado, una historia y una infancia, un*
> *carácter, una forma de vida; (...) no tanto por un tipo*
> *de relaciones sexuales como por cierta cualidad de la*
> *sensibilidad sexual...*[22]

Sensibilidad que irrumpe en la poesía, a veces, para chocar con lo
formal (Echavarren, por ejemplo) donde lo lírico queda asfixiado por la
*auto-censura de un super-ego político (*La planicie mojada*). El discurso de*
la liberación moral y estética queda anulado por una obsesión formalista
*que el poeta corrige, volviendo al lirismo de su primer libro (*El mar detrás
del nombre), en el nuevo libro que se anuncia.*

Donde la sensualidad se exhibe alcanzando zonas líricas agudas que
nos recuerdan inmediatamente a Salomón en El cantar de los cantares.

---

[21]C. Resto Solo, *Gatos & Metafísica* (San Juan: Editorial Luna, 1960) Pág. 13
*Véase mi ensayo *Del narrador burgués al narrador de la burla.*
[22]M. Foucault, *Historia de la sexualidad*, Pág. 56

La angustia y la desesperación se revuelcan en los cuerpos entre una realidad que sueña hasta despertar en el poema:

> *Te perdías*
> *y ni siquiera mi mano que resbalaba*
> *sobre tu pelo*
> *y la superficie de tu piel*
> *ni mi boca que jugueteaba*
> *con tus mejillas*
> *y tu garganta*
> *y tu pecho*
> *lograban traerte de vuelta...*

La voz del poeta bíblico (Salomón: "El cantar de los cantares") resuena en Enrique Giordano como un eco (importa poco que Giordano sea lector o no de este poema). La sensualidad de los cuerpos se abre al tiempo, o éste se abre a la sensualidad de los cuerpos cuando el amado o la amada, presente ésta o ausente aquél, siente el vacío del ser que se abre al amor como una rosa de papel: el desierto, el no-ser presente de donde el poeta no logra traerlo de vuelta: muerto. Y Salomón canta:

> *Y tras su hablar salió mi alma.*
> *Lo busqué, y no lo hallé;*
> *Lo llamé, y no me respondió.[23]*

El cuerpo como límite. El dolor como límite. La voz del poeta como puerta de lo real donde alguien busca o llora. El ángel presente en la voz del amante, o de la amada, ausente en su silencio. El amante está presente en lo vacío del cuerpo: laberinto del ser donde el eco llama. Se asoma a los ojos y besa lo absurdo.

Por otro lado, no queremos prejuiciar al lector con esta poesía latino-americana del exilio donde algunos de los poetas incluidos no poseen la conciencia (o no les importa) de la desesperación de un problema político que golpea constantemente contra un sector de la poesía. Poesía desplazada al sueño o a la "locura" (es "locura" para nosotros esa forma de captar lo real, pero jamás esa enfermedad que anuncia y patrocina el psicoanálisis. No creemos en la división platónica que establece Foucault*

---

[23]*Cantar de los cantares* 5:6.
*Véase *Historia de la locura*, tomo I, Pág. 49

entre *la-Nave-de-la* razón y la pobre *barca-de-la-locura* guiada por *Caronte*) contra la cual la ciencia choca, y en muchos casos, se impone como verdugo o como juez de lo que es lo normal. Nerval dice:

> ¡Confiesa! ¡Confiesa! me gritaban,
> como antaño a brujos y a herejes...
> la ciencia tiene derecho a esca-
> motear o a reducir al silencio a
> todos los profetas y videntes...
> entre los cuales yo me alababa
> de figurar.[24]

El caso de Nerval y el de Artaud son muy similares, pero Nerval, aun padeciendo lo mismo, se equivoca: la ciencia no tiene ningún derecho a reducir al silencio a nadie, porque en el preciso momento en que eso acontece, la ciencia se convierte en la policía incondicional del Estado o la clase dominante.

No deseamos asumir, en este "Prefacio para un encuentro con muerte", la tesis burguesa (aunque haya algunos poetas en Los paraguas amarillos *que la defiendan) de la diferencia entre la vida y la poesía. La presencia de Artaud en este ensayo ("Cédula métrica"—1982—de Alexis Gómez; y "Antonin Artaud"—1982—de Leandro Morales) y la dedicatoria al comienzo de la antología, anuncia el intento de los poetas del exilio de anular esta distancia de clase que los teóricos burgueses establecen como dogma de la inteligencia. No es cuestión de la vieja polaridad del realismo socialista vs. el arte por el arte, sino el abrir, quebrar, el pensamiento "teológico" (crear el espacio necesario para que la libertad de la contra-dicción acontezca); deshilar el pensamiento del* héroe *que confunde y mezcla vulgaridad con* materialismo, *que confunde pobreza-de-espíritu con revolución proletaria. Por eso cada vez que el lector lea "Antonin Artaud" (este compañero que propuse como el clausurador del "poeta maldito") deberá leer, sin temor a equivocarse, "clausura de la división". Artaud une definitivamente hombre y poeta para el anuncio del poeta* materialista *que propongo. Esta celebración de lo-Artaud (¡la esquizo-frenia como fiesta de la persona!) es, al mismo tiempo, la celebración de la rabia, la celebración de un exilio que convive con la "locura" como*

---

[24]L. Cernuda, *Poesía & Literatura* (Barcelona: Seix Barral, 1971) Pág. 300

posibilidad liberalizadora contra el límite de la cultura. *Tal vez por eso Morales pueda decir irónicamente:*

> Antonin, señor Antonin Artaud, aquí
> está su báculo—dice sin poder
> aguantar la risa.

Y donde Gómez añade, casi como destino fatal del poeta en el capitalismo y en la burocracia, los siguientes versos:

> El día cárcel la noche cementerio
> Antonin Artaud: el Electro-choc
> como el bardo...

Señalamos esto, claro está, para que el lector pueda apreciar esta poesía, que no sólo se refugia en el hombre-esquizo, *sino que también lo valoriza al descubrir en él un pensamiento político que devela y denuncia las sutilezas e hipocresías del psicoanálisis. Esta identificación que desde el poema "Soy Artaud" y desde el poema "El taxista del ojo menor" (El* miedo del pantócrata *de 1978) encabezó y "desató", como amor u odio, esa manera de entender lo que implica el "poeta-loco" en relación a la clausura del "poeta-maldito" que realizó Artaud. Y frente a la cual he propuesto, porque yace presente en lo real, el-poeta-prohibido, el poeta* materialista: el Paria. *Este reto que, de alguna manera, han aceptado poetas como Elizam Escobar y Leandro Morales. No como postura romántica, sino como programa-político-del-hombre-límite frente al problema policial del Estado, o como postura frente a la cultura mistificada por la derecha o por la izquierda.*

Esto, propuesto en lo real, es lo que a veces se hace desamparo del amor, de la paternidad o de la maternidad, en Goldemberg, en relación a dos cuerpos—una mujer y un hombre—que se aman a la puerta de lo insólito, de espalda a la censura del cuerpo y contra el poeta:

> Tu casa vacía la habitas con el pelo empapado
> y tu hijo por nacer vive en ella colgado
> bocabajo
>   del techo...

La poesía de Cañas, propuesta en lo real—en el discurso de lo real— como escándalo (la necrofilia) es magia de lo prohibido en el amor-sexual- hacia-el-padre, que este poeta canta, cuando el deseo no sólo choca con la muerte, sino que se nutre de ella:

> *...y en tu ausencia eres tú quien me despierta*
> *trazando oscuros cantos en lo oscuro*
> *y me impides que llore ya sin ti*
> *ahora que regresas envuelto*
> *en la luz lamentable de este sueño...*

Esto de lo real, su-ser-inédito, se hace desesperación que gira en Manrique como posibilidad del mito-hombre frente a lo alucinante de ratas y cucarachas que retornan (otoños y primaveras) a devorar los trapos ontológicos—dentro de la propia lengua—y lo real se propone, en su proceso hacia lo mítico como espantapájaro:

> *...mis ojos abiertos en la noche viendo las ratas*
> *masticar mis entrañas...*
> *en noviembre llegará la muerte*
> *y yo seré su huésped.*

¡La ontología como la experiencia de los trapos!

La ontología como la experiencia de Los paraguas amarillos *en esa imposibilidad de abordarlos a todos (Kozer, Barrientos, Vázquez, Hahn, Padilla, etc.) donde el lector podrá apreciar no sólo un "gusto" sino también una voluntad de afirmarse en lo "negativo" donde, según Hegel, el "espíritu se convierte en objeto"[25] de una experiencia totalizadora.*

Movimiento de una ontología materialista que va desde la desobe- diencia de la madre (El llanto de las ninfómanas) hasta la enemistad con el Estado para que irrumpa en una conducta política, no antisocial o anarquista, sino socialista. Ontología que se mueve en la prohibición de la cultura contra el Partido, la Iglesia, o la Academia (todo en manos de la clase dominante) en la búsqueda de lo que yace oculto, aun como espanta- pájaro o como Paria. La "verdad" de lo real en cambio como alucina- ción, como bello, y como "bueno" (observe el lector que la línea verdad- bello-bueno funciona como ironía frente a Platón o frente al platonismo

---

[25]G.W.F. Hegel, *Fenomenología del espíritu* (México: Fondo de cultura económica, 1982) Pág. 26

culminado: el stalinismo.). Postura del poeta materialista *frente a lo que es fundamental y peligroso, políticamente, siempre, para la clase en el poder. Pero no como suplicio, sino como fiesta.*

¡El escritor materialista como lujuria!

Estamos convencidos que esta poesía seguirá hablando por sí sola sin la ayuda de la máscara perversa del antólogo que también propongo. Pues estoy convencido (la fe del esquizofrénico vs. la fe de la ciencia) que en el interior de los poetas de Los paraguas amarillos *se revuelcan ya algunas voces que se mueven hacia lo universal políticamente—sabiendo que lo universal es el deseo de la clase dominante—y que se mueven controversialmente para destruir, si fuera necesario, el discurso poético como paradoja de lo real y lo ideal, del deseo y la necesidad, de la libertad y la estructura política que la niega o la vigila.*

Quizás ya están aquí algunos de los poetas que han recogido mi reto (el poeta materialista); *me parece que sí. Tal vez ya están aquí algunos poetas que han podido celebrar la unión entre un nuevo misticismo materialista y la locura. Y por esa misma unión podemos terminar con Bachelard diciendo:*

> *...el materialismo imaginado por*
> *la imaginación material cobra aquí*
> *una sensibilidad tan aguda, tan dolo-*
> *rosa, que puede comprender todos los*
> *dolores del poeta idealista. ...*
> *El soñador ya no sueña imágenes,*
> *sueña materias.*[26]

Iván Silén
30 de junio de 1983.
Nueva York

[26]G. Bachelard, *El agua y los sueños*, Pág. 103.
NOTA: Todos los versos citados que no tengan nota al calce están incluidos en la antología.

---

*Véase el ensayo de Octavio Paz sobre Cernuda (*La palabra edificante*) que acabo de leer tardíamente para este trabajo y en donde el poeta Paz dice: "...el segundo libro de su período surrealista tiene por título *Los placeres prohibidos. No los llama, como hubiera podido esperarse, placeres malditos. Si se necesita cierto temple para publicar un libro así en la España de 1930, mayor lucidez se necesita para resistir a la tentación de representar el papel de rebelde-condenado. Esa rebelión es ambigua; aquél que se juzga "maldito" consagra la autoridad divina o social que lo condena: la maldición lo incluye, negativamente, en el orden que viola. Cernuda no se siente maldito: se siente excluido. Y no lo lamenta: devuelve golpe por golpe."

XX

Jaime Giordano

Prólogo

JAIME GIORDANO

Nació en Chile en el año de 1937. Ha publicado los siguientes libros de poesía: En el viejo silencio *(1970), y* Eres leyenda *(1981). Además escribió un libro de crítica titulado* La edad del ensueño *(1971). Actualmente enseña literatura hispanoamericana en Stony Brook.*

Poema-Prólogo

Todo modo es poesía para tus ojos.

La ciudad se llena de palabras mágicas
que vienen del sur, de España
Palabras residentes, palabras de paso
nombres que siguen sonando entre las voces aéreas
Martí, Lorca, Rosamel
abrieron la palabra que
Klemente Soto Vélez, Humberto Díaz Casanueva
extienden a todo lo largo de la gran ciudad
y siguen la magia: Dionisio, Iván, Rafael
Raúl, Cecilia, Carlos
Víctor
Alina, Isaac, Roberto
José y Leandro
Orlando y Angel
y todos los que faltan y escriben
para nosotros, para nadie

Empieza la primavera y todo vuelve a brotar
algunos escriben en el cielo versos de humo
otros dejan fotocopias en los urinarios
entregan hojas sueltas, tarjetas a mano
se turnan en largos recitales
se leen en medio de la noche y las estrellas
publican cuadernillos
se entregan manuscritos
se envían cartas-poemas, libros
dejan versos en las contestadoras automáticas
graban sus fragmentos de silencio en las viejas memorias

transeúntes

y, entre ellos, Silén, mirando al cielo de reojo
abre sus paraguas amarillos

Ciudad infame: te han dicho
monstruo de acero
infierno gris
babel del siglo veinte
jardín de torres infinitas
enjambre universal
paraíso del crimen
templo del lucro
selva de cemento
sótano de la inmundicia humana
Y eres sólo una ciudad, como dice la zamba
"igualita que Santiago, casas más, casas menos"
La gente se reúne en jaulas herméticas
a entregarse a sus sueños
sueños televisados por aire y cables indirectos
sueños rotos, vueltos a armar
sueños que regresan de tierras lejanas y mejores
sueños de revoluciones que se harán en otra parte
sueños a imagen y semejanza de un alma rodeada de
    espejos
Se espera con calma la historia
que otros harán en ninguna parte y nunca
y que aquí se anunciará con regocijo

Pronto la ciudad echará a sus pobres
sólo quedarán ciertos sirvientes
Los ancianos, los jóvenes que querían
vivir en el centro del mundo
buscan rincones desolados en las afueras
a dos horas de tren
Pronto la ciudad será un fuerte inexpugnable
donde sólo entrarán los elegidos
los románticos piratas de otro tiempo

los afortunados buscadores de tesoros

Todos sueñan venir aquí
hay de todo, dicen
Llegan y se asustan, los asaltan, se pierden
les da frío, calor
se van mascullando improperios
regresan contando
cómo es este paraíso donde nunca vivirían
pero adonde vendrían una y otra vez
a llenar esas maletas
y el que no puede venir sueña sus propios imposibles
se aferra al televisor que le guiña el ojo
y le hace burla desde el cielo gris de los almacenes

Los perros han tomado su venganza
defecan a gusto por las calles
y han hecho estos cielos
cerúleamente excrementicios
Pero no se desanimen los que sientan envidia
para allá van también los perros
los finos culos cagadores

Celebro mi Thanksgiving
con un pavo congelado, cisne escuálido
que jamás vi aletear
El pobre no tiene cuello divino
que pueda interrogarme
Su frío silencio parece decir que
ya fuimos entregados a los bárbaros fieros
tantos millones de hombres ya hablamos inglés
Te echaré ají en castigo,
te refregaré chile y te asaré en manteca, le digo

Y veo un cuarto oscuro
papeles, tarros vacíos
¿dónde están los carceleros?

abro una ventana y entra el humo
cierro los ojos y veo una tierra luminosa, acechante
abro los ojos
se vende
se compra, se trae de lejos
se presta, se paga
se ensucia, se limpia
se come en restaurantes
se ven espectáculos
se sirve, se cobra la cuenta
se entretiene, se es entretenido
se hace, se presta el amor
se roba, se asalta
se leen los diarios
se duerme, se mira por la ventana
se viaja de un lado a otro de la ciudad

Nunca se queda uno pensando
sino al cruzar los ríos
y se ven ojos secos, manchados de aceite y humo
que miran la autopista
un cubano se mata con furia a sí mismo en Union City
un puertorriqueño maneja un ascensor y en el piso 30
se encuentra abriendo cerrando puertas a un perro
un argentino prepara una parrillada para seis
y se la come seis veces
un dominicano baila un merengue con su radio transitor
un colombiano se revisa los bolsillos
y no halla nada que robarse
un chileno vigila sus actos cotidianos
y termina desapareciendo misteriosamente
un ecuatoriano reprime rasgos suyos
que pueden hacerle parecer peruano (y viceversa)
Martí, Bolívar, San Martín, hieráticos en el Parque
     Central
ven con desconfianza acercarse
la estatua ecuestre de Raúl Velasco

lo feo, lo peligroso
la decadencia
la mentalidad colonial
lo no europeo
No hay cotidianidad posible
Todo va muy rápido
Lo pornográfico
los besos encargados por correo
Pero
claro
por qué no
la variedad
lo cosmopolita
los caros misterios
el conveniente anonimato
Sé buen siervo
y tendrás un reloj de oro
Trabaja doble turno
y tendrás algo por lo cual vivir con miedo
Cuídate, échate cinco cerrojos
toma las debidas precauciones
mira donde andas, con quien te topas
Estás en el centro del mundo
La expectativa de algo superior, trascendente
no importa si bueno o malo
trae a millones
Muchas veces veo a un místico extraviado
buscando a su dios inexistente
y le digo que debe tomar el tren 1
y bajarse en la 96

Y después que esperabas el paraíso
te desencantas, empiezas a vociferar
en contra de la mugre, del desorden
y que el materialismo
y que el ritmo veloz de la existencia
Verdaderamente te digo que has hallado tu paraíso

qué te esperabas, comprador de tus sueños
Volverás mil veces

Despiertan las máscaras en la noche
y todo se llena de siglas mágicas
verdor de nuestra selva omnipresente
Areíto, INTAR, Teatro Rodante
Talía, el Repertorio, las Veladas
el café La Tertulia (el Bohío), el Niurican
Iati, Hola o simplemente Cuatro,
Románica, el Taller Latinoamericano,
Tola, Las Américas,
las casas, los partidos, las orquestas
los centros de solidaridad
floración de paraguas amarillos
que detienen la vieja lluvia del tiempo

Cuando vuelvas
a tu aldea natal
contarás que un subway
te llevó a la felicidad
que el Washington Square
superó tu fantasía
Al cabo, tarde o temprano
caerás en tu misma trampa
y recordarás estos días con nostalgia
Ciudad centrífuga como un carrusel
te sueltas
y sales volando
a esos cerros verdes
que nunca encuentras
Aprendiendo a no hablar en Nueva York: no emitir
juicios apresurados
No apresurarse en general
No perder la calma. Decir cuánto lo lamentas
La voz informada
El acento caído en las últimas sílabas: Rá
                                                              mí
réz

El centro artificial al comienzo, sin embargo
permiten ganar el quién vive
los otros tonos bajos muestran superioridad, desenten-
    dimiento
estar por encima de la situación
ser apolítico
como el que corre lo suficiente para atravesar la calle
    y después
prosigue lentamente
Hablar sólo de lo bueno, pero llevar la atención
a lo malo
Sonreír
Lo creativo se constituye como novedad dentro del medio
¡Cómo aprender a alegrarse por nada!
¡Pésimo! ¡No nos entendemos! ¡Oh, gesticulador!
Tú que aprendiste a no hablar
en el espejo lacaniano no eres nada para el resto del mundo
eres un genio para ti
sólo tú puedes exigir reconocimiento de ti mismo

Dicen que ya nadie lee poesía
Pero tú no eres ese nadie
tus ojos sombríos se preparan
para recorrer este camino que Iván ha trazado
para tu entusiasmo
tu ira
tu silencio
Que estos versos sean ofrenda
para tus ojos

BRENDA ALEJANDRO

Nació en Puerto Rico en el año de 1947. Poetisa y pintora. Ha publicado sus poemas en el suplemento "En Rojo" de Claridad. *Aparece por primera vez en la antología* Herejes y Mitificadores *(1981). Tiene un libro inédito de poemas titulado* Tik.

La soledad es la estación del alba

Hoy como todos los días
falto al impulso del pasado,
me visto de crepúsculo
el estallido,
y pliego los caminos,
dejo ver mis espejos
amurallados
y mis pies peregrinos.

Hoy como todos los días falto
se me prolonga al interior
herido.
Doblo así el instante
y tomo mi rumbo ausente,
callada.
Es que el hoy ya me faltaba
en el recuerdo del mañana,
es que el hoy me faltaba
en la amenaza,
y los presentes atrasados
de silencio me faltaban.

Estos mis espejos repetidos

Estos mis espejos repetidos,
todavía,
se dejan caer serenamente
sobre la orilla rota
del verano.

Estos mis cristales repetidos
para poseer el olor de la tierra,
y la quietud del vacío.
Mi pisada que viaja
al contacto
del sendero
me conduce a la frontera
ajena del espejo.
Para brindarme ese rostro falso
intuído en la distancia.
Y allí donde el nivel del azogue
muerde la muralla,
allí en el doblez del ocaso
atravieso el espejo inconcluso
como manantial del rostro
para cicatrizar este pensamiento

¿mío?

Yo era de mar

Yo era de mar:
el rumor de lluvia,
el medio silencio marino
ahora estoy descalza
con transparencia de agua
y el arrecife en la entrepierna.

Me llego caracol,
avanzo tranquila
con ruta hacia tu cuerpo
de gaviota.
Te acaricio al revés
una tarde de cansancio
invirtiéndote el olvido
en mi presencia: reconocí
tu mirada aún en la sombra
y una mitad de palabras silvestre
me fuiste robando: la luna,
la cintura, la calma.

Yo era de mar.
se fue pudriendo la orilla,
ahora te empeñas en delirar
con tres monedas al aire
posibilidades.

Mis cavidades
son sonidos de peces,
añejándose la infancia,
el portafolio mojado,
la marea.

Vórtice de la materia
al musgo de toilet
el aliento le busca hombre.

¿Quién ojo cuadriculado en el agua?

Krakatoa fuma.
Grafitas metamorfosis, elástico.
En el valle de los muertos
¿quién transportación de la lógica?

¿Quién espacio ocupado,
sol de la ventana norte?

¿Quién desierto del velo
en la materia gelatinosa?

Cíclope difuminado en celo.

Los remos en la matriz
el malestar
y el ojo en transportación del ojo,
posición fetal:
precipicio en el espacio,
globo esférico, amparo,
inflación de la apariencia.

La densidad se alarga molecular
como el varón del cementerio
que guarda el toilet:
el lugar donde tristura
no tiene peso ni alcuzcuz.

¿Quién hila negro en la troica
del d'alfaquilero de los muertos?

Teorizo el cadáver

Teorizo el cadáver
como lápiz
como guerrero egipcio
ahora momia en el papiro
como guerrero encontrado
△ en la arena:
piramidal.
▲ con brazos caídos
◁ definidos:
¿hasta cuándo?
Permanencia en perspectiva
a la rodilla arropada
ha sido. Fue.
El pasado se hablará o no
el futuro es la muerte:
esta boca del varón:
muñeco del absurdo,
la muerte.
Su cuerpo terracota.
Amante fenicio de rizos,
cuentista en el amor,
columna vertebral
que no se pierda:
borde amarillo en la hoja.
Que no me digan
su muerte de lápiz.
Quiero como grafito
gastarme con él,
y allí donde lo externo se extinga
quedar atrapada
en el preciso orgasmo.

Que la baraja lo diga.
Sentirlo osmosis del espíritu

traspasando la atmósfera
cogidos de la mano
como fetos
cuando los espejos
se cubran de negro.

Relato de un paisaje asesinado

El ojo se detiene
pegado a la espalda
como lanzas de los límites.
Saltarina la lengua
danza entre las piernas.

Las palabras se desnudan,
juegan al escondite
en susurros detrás de la oreja.

(Nadie se atreve a atajar la lluvia).

Todos sonríen con flechas en la espalda.
Se cuchichea la travesura
de la lluvia: tentación
del gato negro por el cabete.

Lugar del peligro la noche
descubre al hombre dual que
mastica su cangrejo:
complejo de la culpa con palanca
por la calculadora de la falda pomposa.

Hace la lluvia su entrada
en voz opaca. El dragón enfurecido
mastica su dolor ambivalente:
protege a su víctima del enemigo.

La multitud se alimenta
con palabras y pezuñas
buscando la clave de los muertos.
Centinela de la lluvia,
el hombre traiciona
a la sombra en la materia.

La antítesis se descubre acorralada.

El miedo en la pupila agoniza.
Volteada la lluvia descubre el asesino.

La traición repetida
en los ojos del cangrejo.

Raúl Barrientos

Sin regreso

Fronteras

Viejo ante un tablero de Washington Square

"Encontraron su armadura en Lyons, Kansas.
Assoc. Press"

Gravitación

Recibimiento y rotación (East Side)

Angeles del infierno (hacia el oeste)

RAUL BARRIENTOS

Nació en Chile en el año de 1942. Ha publicado los siguientes libros de poesía: Ese mismo sol *(1981) e* Histórica relación del reino de la noche. *Es actor y director de teatro. Ha organizado, con Jaime Giordano, la Editorial 'El Maitén'. Actualmente termina su doctorado en español en la Universidad de Pennsylvania.*

Sin regreso

En un abrir y cerrar de olas
me caigo,
         barajo por última vez,
corto las venas del solitario,
destapo los siete velos de la mina
y me levanto con arrugas.
Subo a la cumbre cada año;
allí la imagen de la muerte
encaja su lumbre en mis ojos,
me quema el pecho desde dentro,
me lanza a la arena cantando
el sol que me acompaña aquí en la playa,
me desnuda, me derrite,
                nos separa,
y a tientas, a gatas, de memoria
sigo tus pisadas
que se alejan hacia el mar.

Fronteras

Para Jaime Giordano

Entrábamos en la nieve con un coro de voces:
el compás de la tierra marcan estas suaves pisadas
y tiemblan al cruzar las fronteras. Suavecito cavan, al
    oído.

La poruña de los camineros removió la memoria,
abrió vías de miserias que se revuelven en el sumidero,
sus pelos y ramas, sus huesos cerúleos que remaron a
    lágrima viva:
entrábamos en la nieve de mañana con un coro de voces
    miserables.

Se disolvieron las pisadas alejándose bajo el miedo,
en el río de luces que tiemblan hacia la noche: se disuel-
    ven.
Con hondura en el otro lado de la tierra
regresan los trasnochados boteros.

Y las viudas del mar y de la hoguera.

Viejo ante un tablero de Washington Square

Con el recuerdo a flor de dedos,
viajando al compás de la rosa de los vientos —loca de
    remate en su propia salsa—
contabilizando la historia de idas y regresos
y todas esas vueltas de la rueda hasta quedar desorbitado,
te sientas bajo estos árboles helándote los huesos
ante la jugada maestra.

"Encontraron su armadura en Lyons, Kansas. Assoc. Press"

A esta hora me dije desentierran
de las llamas en el desfiladero del sol
esta negra armadura, esta malla encadenada
y la espada de matar estos indios de New Mexico
que con rumbo desconocido nos meten en Kansas.

Ahora Francisco Coronado y los suyos hacen noticia,
   Dios mío;
ya encontrarán el cuchillo, mi calavera
y su tatuaje calcinado,
               los huesos, la matadura
de estos rojos caballos que sacudieron el sudor
y apagaron el apenas galope en el polvo;
                       desentierran,
desentierran estos arenales que pasaron
por el ojo de la herradura.

Durmamos aquí me dije con la sed y el hambre,
ni un instante olvidemos a Dios, el oro ni un instante le
   dije;
ya encontrarán nuestra fiebre y sus cabezas
en este rugido de bombardero,
en este viento de León.

Gravitación

Para Humberto Díaz Casanueva

1

Tambalea el globo colorado bajo el sol, el sol, el sol,
tambalea bajo el sol, voltea su tubérculo,
echa un silbido al río precedente

                        —ahí nos fuimos hun-
    diendo—
sintoniza el imán, su campanazo magnético, cabecea.
No duerme, no duerme, colorado no duerme:
atraviesa el callejón de los gatos;
un hilo de aceite cae sobre el barro,
gotea hasta que vislumbra el horizonte.

2

Si en esta hora la delicada
pluma que recogí en un haikú
nos alumbrara, la pluma alumbrara.

3

Tendida al sereno la sábana
ilumina la tierra muda y el mar que nos enmudece;
zumba el huso sonámbulo: el hilado
perfectamente torcido teje las telas del mar, aúlla
como un cerebro loco cuando el hilo se opone a lo eterno:
resuenan los pasos en las catedrales —campanas
bajo el agua—, la ola contra su espuma
y los vitrales al despeñadero del sol;

                              estalla,
el abismante día estalla en las sienes, y la risa
de una colegiala desnudándose sobre el roquerío.

4

El hilo, el hilo, que no se corte el hilo.
Limpio lo mismo que la sábana,
y con su historia: lo escrito, lo navegado y transcrito.

5

(LOS LECTORES DE CARTAS Y PALMAS INTER-
    CAMBIAN
EN EL TEMPLO SUS IMAGENES, NO IMPORTA.
CIRIOS, CIRIOS DE ACEITE, VIGILADOS).
Las estrellas dicen que sí —que sí te dije,
más viejo que el proceloso mar de los antiguos—.

6

Se avecinan tiempos peores,
ésta es la gravitación al misterio
                    —cuando todo está perdido
mírame mientras las luces apagas con dulzura, no dejes
de mirarme—
              ir cayéndose al ámbito dilatado y negro,
dilatado y negro, en vueltas de campana
cayendo tierra con cielo,
una mano sobre la otra tuya:
                    tierra
con tierra, una brasa al silencio, silencio.

Recibimiento y rotación (East Side)

Por la ventana de la mariguana,
de la muchacha que altamente la cultiva
—y ella misma se pone hermosa en el sol del mediodía,
y flexible— por la ventana,
un venticello sube a la terraza,
levanta la cara, el cuerpo del amor,
murmurando: *Te haré una hija, flexible y alta.*

Con los hombros claveteados de placer,
Ella voltea su rostro de mensajera, y ofrece:
Aquí tienes mi girasol en llamas, tu traslación.

Angeles del infierno (hacia el oeste)

En este espacio había una silla de playa
y una muchacha muy tendida, bendita la postura:
dorándose fue durante el verano, y madurando
se partió en dos;
       con un fondo de moscas y sirenas
alarmantes de Manhattan —chimeneas— en dos
el cuerpo expuesto en negativo, la pulpa
sobre la silla y bajo el sol:
Que haya delito: scene five, shoot one.

En el momento más pensado subió Johnny
rojo en la marea que le hizo mucha gracia,
metió mano como negro, reunió sus mansas mitades
y llevósela, liviana brizna en la terraza,
fermentaba lo de adentro, algún
Dios habría, algún mordisco:

No habrá repetición al ojo que arde
por jugar con fuego, el viento sopla favorable.
Mañana el guitarreo continúa más allá:
en este poema había una muchacha (sube
la leche angelical en el infierno).

JULIA DE BURGOS (1916-1953)

Nació en Puerto Rico en el año de 1916 y murió en Nueva York en 1953. Publicó los siguientes libros de poemas: Poemas en veinte surcos *(1938),* Canción de la verdad sencilla *(1939), y su libro póstumo* El mar y tú. *Es nuestro primer poeta exilado, y quizás, nuestro verdadero poeta romántico. En 1961 el Instituto de Cultura Puertorriqueña publicó una antología de su poesía con el título de* Obra poética.

A Julia de Burgos

Ya las gentes murmuran que yo soy tu enemiga,
porque dicen que en versos doy al mundo tu yo

Mienten, Julia de Burgos. Mienten, Julia de Burgos.
La que se alza en mis versos no es tu voz; es mi voz,
porque tú eres ropaje y la esencia soy yo;
y el más profundo abismo se tiende entre las dos.

Tú eres fría muñeca de mentira social,
y yo, viril destello de la humana verdad.

Tú, miel de cortesanas hipocresías; yo no;
que en todos mis poemas desnudo el corazón.

Tú eres como tu mundo, egoísta; yo no;
que todo me lo juego a ser lo que soy yo.

Tú eres sólo la grave señora señorona;
yo no; yo soy la vida, la fuerza, la mujer.

Tú eres de tu marido, de tu amo; yo no:
yo de nadie, o de todos, porque a todos, a todos,
en mi limpio sentir y en mi pensar me doy.

Tú te rizas el pelo y te pintas; yo no:
a mí me riza el viento; a mí me pinta el sol.

Tú eres dama casera, resignada, sumisa,
atada a los prejuicios de los hombres; yo no:
que yo soy Rocinante corriendo desbocado
olfateando horizontes de justicia de Dios.

Tú en ti misma no mandas; a ti todos te mandan;
en ti manda tu esposo, tus padres, tus parientes,

el cura, la modista, el teatro, el casino,
el auto, las alhajas, el banquete, el champán,
el cielo y el infierno, y el qué dirán social.

En mí no, que en mí manda mi solo corazón,
mi solo pensamiento; quien manda en mí soy yo.

Tú, flor de aristocracia; y yo, la flor del pueblo.
Tú en ti lo tienes todo y a todos se lo debes,
mientras que yo, mi nada a nadie se la debo.

Tú, clavada el estático dividendo ancestral,
y yo, un uno en la cifra divisor social,
somos el duelo a muerte que se acerca fatal.

Cuando las multitudes corran alborotadas
dejando atrás cenizas de injusticias quemadas,
y cuando con la tea de las siete virtudes,
tras los siete pecados, corran las multitudes,
contra ti, y contra todo lo injusto y lo inhumano,
yo iré en medio de ellas con la tea en la mano.

Pentacromía

Hoy, Día de los muertos, desfile de sombras...
Hoy, sombra entre sombras, deliro el afán
de ser Don Quijote o Don Juan o un bandido
o un ácrata obrero o un gran militar.

Hoy, quiero ser hombre. Me queman las ansias
de ser aguerrido y audaz capitán
peleando en la España febril de Valencia,
asido a las filas del bando leal.

Hoy, quiero ser hombre. Sería un Quijote.
Sería el Alonso Quijano verdad,
del pueblo que en héroes de vida hoy convierte
los héroes en sombras del loco inmortal.

Hoy, quiero ser hombre. El más bandolero
de los Siete Ecija. El más montaraz
de aquellos que en siete caballos volaban,
retándolo todo, a trabuco y puñal.

Hoy, quiero ser hombre. Sería un obrero,
picando la caña, sudando el jornal;
a brazos arriba los puños en alto,
quitándole al mundo mi parte de pan.

Hoy, quiero ser hombre. Subir por las tapias,
burlar los conventos, ser todo un Don Juan;
raptar a Sor Carmen y a Sor Josefina,
rendirlas, y a Julia de Burgos violar.

Nada

Como la vida es nada en tu filosofía,
brindemos por el cierto no ser de nuestros cuerpos.

Brindemos por la nada de tus sensuales labios
que son ceros sensuales en tus azules besos;
como todo lo azul, quimérica mentira
de los blancos océanos y de los blancos cielos.

Brindemos por la nada del material reclamo
que se hunde y se levanta en tu carnal deseo;
como todo lo carne, relámpago, chispazo,
en la verdad mentira sin fin del Universo.

Brindemos por la nada, bien nada de tu alma,
que corre su mentira en un potro sin freno;
como todo lo nada, bien nada, ni siquiera
se asoma de repente en un breve destello.

Brindemos por nosotros, por ellos, por ninguno;
por esta siempre nada de nuestros nunca cuerpos;
por todos, por los menos; por tantos y tan nada;
por esas sombras huecas de vivos que son muertos.

Si del no ser venimos y hacia el no ser marchamos,
nada entre nada y nada, cero entre cero y cero,
y si entre nada y nada no puede existir nada,
brindemos por el bello no ser de nuestros cuerpos.

Poema de la íntima agonía

Este corazón mío, tan abierto y tan simple,
es ya casi una fuente debajo de mi llanto.

Es un dolor sentado más allá de la muerte.
Un dolor esperando...esperando...esperando...

Todas las horas pasan con la muerte en los hombros
Yo sola sigo quieta con mi sombra en los brazos.

No me cesa en los ojos de golpear el crepúsculo,
ni me tumba la vida como un árbol cansado.

Este corazón mío, que ni él mismo se oye,
que ni él mismo se siente de tan mudo y tan largo.

¡Cuántas veces lo he visto por las sendas inútiles
recogiendo espejismos, como un lago estrellado!

Es un dolor sentado más allá de la muerte,
dolor hecho de espigas y sueños desbandados.

Creyéndome gaviota, verme partido el vuelo,
dándome a las estrellas, encontrándome en los charcos.

¡Yo siempre creí desnudarme la angustia
con sólo echar mi alma a girar con los astros!

¡Oh mi dolor, sentado más allá de la muerte!
¡Este corazón mío, tan abierto y tan largo!

Donde comienzas tú

Soy ola de abandono,
derribada, tendida,
sobre un inmenso azul de sueños y de alas.
Tú danzas por el agua redonda de mis ojos
con la canción más fresca colgando de tus labios.
¡No la sueltes, que el viento todavía azota fuerte
          por mis brazos mojados,
y no quiero perderte ni en la sílaba!

Yo fui un día la gaviota más ave de tu vida.
(Mis pasos fueron siempre enigma de los pájaros.)
Yo fui un día la más honda de tus edades íntimas.
(El universo entero cruzaba por mis manos.)
¡Oh día de sueño y ola...!
Nuestras dos juventudes hacia el viento estallaron.
Y pasó la mañana,
y pasó la agonía de la tarde muriéndose en el fondo de un
      lirio
y pasó la alba noche resbalando en los astros,
y pasó la estasiada juventud de la aurora
          exhibiéndose en pétalos
y pasó mi letargo...
Recuerdo que al mirarme con la voz derrotada,
las dos manos del cielo me cerraron los párpados.

Fue tan sólo una ráfaga,
una ráfaga húmeda que cortó mi sonrisa
y me izó en los crepúsculos entre caras de espanto.
Tú nadabas mis olas retardadas e inútiles,
y por poco me parto de dolor esperando...
más intacto y más blanco.
Y me llevaste, épico,
venciéndote en ti mismo los caminos cerrados.

Hoy anda mi caricia
derribada, tendida,
sobre un inmenso azul de sueños con mañana.
Soy ola de abandono,
y tus playas ya saltan certeras, por mis lágrimas.

¡Amante, la ternura desgaja mis sentidos...
yo misma soy un sueño remando por tus aguas!

Canción amarga

Nada turba mi ser, pero estoy triste;
algo lento de sombra me golpea,
aunque casi detrás de esta agonía,
he tenido en mi mano las estrellas.

Debe ser la caricia de lo inútil,
la tristeza sin fin de ser poeta,
de cantar y cantar sin que se rompa
la tragedia mayor de la existencia.

Ser y no querer ser: es la divisa,
la batalla que agota toda espera;
encontrarse, ya el alma moribunda,
que en el mísero cuerpo quedan fuerzas.

¡Perdonadme, oh amor, si no te nombro!
Fuera de tu canción soy ala seca.
La muerte y yo dormimos juntamente...
Cantarte a ti, tan sólo, me despierta.

En la ribera

En la ribera de la muerte
alguna vela a punto de partir,
alguna tumba libre,
que me enamora el alma.

¡Si hasta tengo rubor de parecerme a mí!
¡Debe ser tan profunda la lealtad de la muerte!

En la ribera de la muerte,
¡tan cerca!, en la ribera,
(que es como contemplarme llegando hacia un espejo)
en la ribera de la muerte me reconocen la canción,
y hasta el color del hombre.

¿Seré yo el puente errante entre el sueño y la muerte?

¡¡¡Presente!!!

¿De qué lado del mundo me llaman, de qué frente?
Estoy en altamar...
En la mitad del tiempo...
¿Quién vencerá?
¡¡¡Presente!!!

¿Estoy viva?
¿Estoy muerta?

¡¡¡Presente, SI, PRESENTE!!!

Dadme mi número

¿Qué es lo que esperan? ¿No me llaman?
¿Me han olvidado entre las yerbas,
mis camaradas más sencillos,
todos los muertos de la tierra?

¿Por qué no suenan sus campanas?
Ya para el salto estoy dispuesta.
¿Acaso quieren más cadáveres
de sueños muertos de inocencia?

¿Acaso quieren más escombros
de más goteadas primaveras,
más ojos secos en las nubes,
más rostro herido en las tormentas?

¿Quieren el féretro del viento
agazapado entre mis greñas?
¿Quieren el ansia del arroyo,
muerta en mi muerte de poeta?

¿Quieren el sol desmantelado,
ya consumido en mis arterias?
¿Quieren la sombra de mi sombra
donde no quede ni una estrella?

Casi no puedo con el mundo
que azota entero mi conciencia...
(Unido sueño que me sigue
como a mis pasos va la huella.)

¡Dadme mi número, porque si no
me moriré después de muerta!

Dionisio Cañas

En Nueva York el otoño huele a cenizas

Prefiero empezar por reconocer

El padre pródigo

Jardín de espera

Aparición en Central Park

Costumbres del cadáver

DIONISIO CAÑAS

Nació en Tomelloso, España, en 1949, Después de haber residido en Francia durante siete años pasó a vivir a Nueva York en 1972 donde fijó su residencia permanente. Termina ahora sus estudios doctorales. Tiene los siguientes libros publicados: El olor cálido y acre de la orina *(1977);* El ave sorda y otros poemas *(1980);* La caverna de Lot *(1981); y* Lugar (río Hudson) *(1981). Pronto aparecerán* Telémaco *y un texto crítico titulado* Percepción y representación poética.

44

En Nueva York el otoño huele a cenizas

I

Desde las hojas secas
de los algarrobos
el otoño busca su imagen.
Un hombre mece a un niño con afán de futuro.
La muerte
surge imprevista en todos los rincones.
Vencida la vieja magia del amor
el pulmón se pudre ahíto de humo.
Mecen los niños sus blancos ataúdes.
El paisaje es vacío,
y la memoria escarba en el pasado
y ya no encuentra nada.
Las ramas pintan garabatos
sobre un morado cielo de gangrena.
Pudren las hojas como cuerpos
hace poco enterrados,
y el tronco queda huérfano.
Hace daño mirar.
                    Pero sigue
aquel niño volando, que inocente,
juega a la vida.

II

A podrido limón huele el otoño,
baña las caras. Rompe un viento de azufre.
Las hojas al caer cortan el aire,
hacen cantar la tarde que es silencio,
y la cuajan como un helado bronce.
El otoño huele a limón podrido,
pasa volando el niño, grandes aves
cruzan atravesadas por la sombra.

Permanece el otoño, que se mira
en este río seco hace ya siglos.

Prefiero empezar por reconocer

Prefiero empezar el poema por su inutilidad,
por sus rasgos de animal común,
por su sabiduría del desconocer y palpar,
por lo absoluto sentido como descubrimiento.

Prefiero empezar diciendo que te amo,
pero en verdad, por un oscuro rito,
estamos apuntalando un edificio
de fachada impecable, donde a diario,
construimos también un invento excelente
(la muerte).

Prefiero así empezar reconociendo
el débil envés de la palabra,
la fuerza de aquello que carcome,
y luego como un cincel templado y poderoso
podremos penetrar en todo tiempo.

El padre pródigo

Has vuelto en la noche preferido y violento
y un sabor de azufre hay en el aire de tu boca
El olor de tu aliento he reconocido acaso
en la aspereza de la tierra empapada por el vaho
de aquella tarde cuando
                          el orden trastornado
fuimos a fecundar la sombra bajo los algarrobos

Y en tu ausencia eres tú quien me despiertas
trazando oscuros cantos en lo oscuro
y me impides que llore ya sin ti
ahora que regresas envuelto
en la luz lamentable de este sueño

No es la prófuga forma de tu ausencia
sino todo tú
quien me ofrece agua tibia en el hueco
de tus manos
y de un soplo desvías el viento que amenaza
esta noche en que de nuevo
se apagan las luces de neón
y me llevas
a jugar bajo las ramas de los árboles negros

Pero es imposible reconstruirte ausente
sólo vives en el espacio pintado por mi sueño
y no leo palabra que no sea ya tu carne
si es que existe el otoño y no es una quimera
Es tu piel quien prefiere el ruido de las rocas
rozadas y azotadas por el río revuelto
y en tu calmada lengua se acumulan lagunas
de saliva y de lodo para ofrecerme flores

Jardín de espera

Sagaz la luz de la mirada un día
donde esperar fue quizás una quimera
tu cuerpo ya entrevisto tras la lluvia
de aquel atardecer en que muriera el padre

Objeto preferido del deseo
pura imagen mohosa de la estación temprana
cuando todo el jardín a ti se parecía

Hoy quedan sólo los días alienados
y es engañoso el gesto que me haces
esta tarde mermada de su luz
por un sol que sucumbe entre las ramas
y un viento helado que gastará los rostros

2

Angel quizás de verte y no verte
en cada lugar donde no estás te espero
y sé que oculto duermes
envuelto vagamente en una luz famélica

No es que de mí te ausentes todo
(deseo situado en el espacio efímero)
mas un lugar entre nosotros permanece
que no puedo nombrar con ninguna gramática
Hay en ti también un tiempo incontenible
imprevisto en sus normas y no menos hermoso
ángel sólo posible en el instante
de verte
        y
           no verte

3

¿Qué sacudido rostro sucumbirá en la noche?

En lo oscuro mi mano ordenará tu vello
lavado bajo el grifo de una fuente cualquiera
y da sosiego pisar las hojas que se pudren

Puede que sea tarde y no suceda nada entre los cuerpos
pero hay sabores más fuertes que la carne
y la lengua penetra libremente la piel
y saca su sal y su sentido

4

Poco puedo recordar de aquella
larga espera
y era hermoso sentarme en el jardín
imaginar tus pasos
y no verte
                llegar
                        nunca

Aparición en Central Park

El cuervo y la paloma devorados
por la luz
      y el pasado que vuelve remozado
hoja de afeitar afilada hasta cortarnos
la respiración
      en este angosto
atardecer de mayo
      bajo los árboles de Central Park
a horas desusadas casi el torso
desnudo y bajo la liquidación de los mejores
años de nuestra vida
      Un papalote traducido en luces
de color
      cuelga de un árbol
rota su amarra de la mano
del más joven de aquel niño
que desde un espacio huidizo
viene y me habla y me recorre
los rasgos más dispersos de mi rostro
Pide mi ayuda en el rescate
de su nave de papel perdida en la hojarasca
húmeda aún por la lluvia de la noche
la sorprendente tormenta que cubrió Manhattan
Avergonzado
      invento la ficción peor
la de la libertad
      de un papalote vivo
Huye el niño llorando hacia el pasado
espejo fulminado por la mentira mía
y mi recuerdo emborronado en aguas
de un mar fugaz aparecido entre lo verde
de esta tarde de mayo de mil
      novecientos ochenta y uno
en Central Park

Costumbres del cadáver

Como una flor que transformada en fauna
sobrevive a la humedad a la encerrona
en los parajes de un pudridero
así el cuerpo despojado de su voz
arrojado por costumbres ancestrales
tiende a volverse vivo y diminuto
corazón o gusano en que palpita
una minúscula idea una última palabra
la no pronunciada por pereza o pudor
la más sucia la más osada y más hermosa
la que ahora habita este fugitivo insecto
que acaricio y me enseña
tus costumbres el que quizás contiene
aquella voz
        la esperada palabra
que no pronunciarás
             jamás

Rafael Catalá

Darle al gato lo suyo

Ana Lucía

Tarde de estío

Ana Isabel

Acelga Pedroso

RAFAEL CATALA

Nació en La Habana, Cuba en el año de 1942. Ha publicado los siguientes libros de poesía: Caminos/Roads—*edición bilingüe traducida por Nancy Sebastiani, (1973)—;* Círculo Cuadrado *(1974);* Ojo Sencillo/ Triqui-traque—*prólogo de Juan Goytisolo, (1975); y* Copulantes *(1981). Es coautor del libro de crítica* Cinco aproximaciones a la narrativa hispanoamericana *(1977). Pronto publicará* Poemas de Pedro.

Darle al gato lo suyo

Darle al gato lo suyo presupone justicia
como escribir este poema sin ganas
mas el impulso obliga al acto diario
de comunión, y luego, comienza este disfrute.
Como si el trabajo de abrir compuertas fuera lo difícil.

Coito es todo, aun este acto. Al caminar
se penetra el aire, al respirar éste nos penetra,
el aliento penetra la boca, etc., el alimento
de la célula penetra las venas en la sangre, etc.,
lo que sobra penetra después el intestino al aire,
a la tierra, etcétera.
¡Y aun hay quienes temen la palabra o el acto!

Unas muchachas cerca de mí chismean,
se aprietan los muslos hasta el orgasmo
de fantasías. La fantasía bella de roces y coitos.
Lluvias de semen sobre las naciones
que lloran el gozo de la fecundación.
Orgía natural de un barroco nuevo
que trae cosas del viejo, pero que añade
en inocencia de efebos
cargados de prepucios con frenillos intactos

No en balde el jugo a fuerza
brota en masturbarse hasta el arribo
del Macedonio. A su llegada el júbilo
de voces del aseo para ser escogidos
a unos brazos guerreros. El joven persa
fue el escogido. Mil fueron noches
de gozo sin agravio.

Ana Lucía

Ana Lucía es viuda con tres hijos
nació sellado llorando el cadáver de su amado
Juan trabajaba y comía y la ignoraba

Ana Lucía es viuda con tres hijos
camina como hueca con su prole a la cama de piedra
al rostro de los nenes   al pene de Juan

Ana Lucía es viuda y al nacer Adela
se aclaró la brillantez del texto
inscrita en el contexto que ignoraba
Ana Lucía siguió sintiendo hueca

Los años brotan, Adela crece a las naranjas
Ana Lucía conoce los deseos
y como los flancos de una dualidad significante
Ana Lucía y Adela se abrazan en la cama

Tarde de estío

Hace seis años que venimos hablando de literatura
yo siempre he visto los relojes testigos
Hace seis años te dije que fuéramos amigos
y en este hablar carnal nació maternidad
            El calor de tus pechos
hizo movernos hacia muchos orgasmos
Yo sé de nuestras tardes, de nuestra madurez,
hablando de lingüística entre ratos sexuales
o de la hermenéutica de tu maternidad.
Como desde hace seis años habíamos acordado
decidimos vivir por separado,
llevabas en tu cuerpo lo que habías buscado,
y yo dado. Sello perfecto de años de amistad.
Hoy sé que ha nacido y estoy feliz porque mi amor
lo es todo

Ana Isabel

Los rostros quemados en el reflejo de la arena,
el arsenal sellado de Ana Isabel se mostraba abundante.
Había rostros orando, boquiabiertos al son del viento
y la música, sus piernas, y su piel. Ana Isabel lloraba
inhóspita con los ojos vacíos, con la suave sonrisa
de la maternidad. Ana Isabel la madre que habita
en el olor de santidad sin conocer ajetreos ocultos
de las sábanas. Ana Isabel augusta se concede
el momento de haber sido la única. Entre vuelos
sedosos acaricia la prole. Entre abrazos la adora.
Entre silencios musita y se extiende el brazo
y se esparcen por tierras y entre sol y nubes
se canta y en el amor se llueve. Ana Isabel
musita sus caricias y así sin darse cuenta mata.

Acelga Pedroso

Acelga Pedroso acaba de ser ejecutada entre Miró y
    Kandinsky,
los ojos y curvas de Mondrian, los trenes de Luis Cruz y
los insectos amantes de Colón-Morales. Acelga Pedroso
llora saliendo de su cuerpo, era lo mejor de un último
modelo. Las casas, las columnas recorre con sus ojos,
sus verdaderos ojos. Acelga camina por las calles
y siente el sabor del suelo, la verdadera calle.
Se da cuenta que el tiempo es sólo huella, una herramienta
con muy precisos usos. Una señora que aún no ha nacido
le pasa por el lado. Sus ojos la recorren en su mover,
sus pasos y sus dientes. No es importante el gesto
o el saludo. Las señoras aún no nacidas no ven,
o sólo ven una ilusión. Poetas o pintores
o científicos ven un poco más adentro y un poco más
    afuera
y como que asustada al nuevo andar de cosas,
el verdadero andar, Acelga Pedroso piensa en la famosa
cabeza de Miró con el perfil escondido.

Humberto Díaz Casanueva

Yérguense huesos lentamente plateados

Me pesan los escombros que yo veo venir

El fantasma acecha entrechoca los
latientes cráneos

Remojo esta antorcha en la herida generadora

HUMBERTO DIAZ CASANUEVA

Nació en Chile en el año de 1908. Actualmente reside en la ciudad de Nueva York. Ha publicado los siguientes libros de poesía: El aventurero de Saba *(1926);* Vigilia por dentro *(1931);* El blasfemo coronado *(1940);* Réquiem *(1945);* La estatua de sal *(1947);* La hija vertiginosa *(1954);* Los penitenciales *(1960);* El sol ciego *(1966). Recientemente nos llegan los siguientes libros de poesía:* El hierro y el hilo *(1979);* Los veredictos *(1981) y* El pájaro Dunga *(1982).*

Yérguense huesos lentamente plateados

*A mi hijo Alvaro, que participó en
la batalla de Nicaragua y vive y
trabaja en la actualidad en ese país.*

oh tú
vives vibrando de una vida recíproca

trepa por tus piernas la serpiente
sonora
te contorsionas
tu mujer enloquecida baila en torno
a un cofre de plomo

¡ánimo muchacho!
a veces
las visiones desangran los ojos abiertos
la palabra sale transubstanciada

¡adéntrate en la selva lúcida!
debajo de una encina partida por el
            rayo
encontrarás mi testamento
claveteado por las
ardillas

meterás las manos en los pechos de una
e s t a t u a   r e c ó n d i t a

¿acaso te lego algo digno de ser revivido?
¿tal vez yo insista
en lo que no es del todo memorable
o lo es a fuerza de imaginarme
que puede ser posible y a la vez
meritorio?

entre tanto me confundo
perdóname el Vértigo de mi corazón
propenso a pensar...

te lego no sé lo que te lego
(me ciega los labios una piedra ardida)
te lego
la indigencia suprema

te lego
el vislumbre de la tierra
hechizada
la impetuosidad contra el límite

y una puerta una pesada puerta
de lava
e n t r e a b r i é n d o s e
en el fondo de la vida

te lego la senda del murmullo
perdido
vivo vivo el mar que se disloca en su
piel quebrada
vivo el cervatillo entre dientes
del León

¡muerte!
¡succionadora muerte del ser que se
pasma
en su vigilia!

¡resucitaremos encogidos de miedo
        en un sueño amamantado!

(también te lego algunas deudas
c ó s m i c a s
que has de pagar con tu sudor terrestre)

hijo
has de asirme desde mis entrañas
me voy sumiendo en un espejo
pintado de amarillo

he aquí mi cortejo de búhos
me saco cintas de una piel más y más
crujiente
escucho una diana en mi vida preciosa

¿oyes las campanadas locas de mi
corazón
......retrocediendo?

me falta algo siempre experimento
lo inconcluso de una cualidad
suprema
me torno demasiado concienzudo

no me precipitan mis voluntades
abismales

muerto muerto ¿no he de ser tu veta
más profunda?
¡no!

a golpes desprendes de los mármoles
una destrozada
p a j a r e r a
de súbito
brilla una manzana en el ayuno

condúceme
entre fosforescencias de la Fe
dame de beber de tu alimento
donde ¿por qué ronda el cóndor
subterráneo?
nos consume la nostalgia del valle
que asciende del abismo

ya estás siendo mi padre
ya me voy flotando como un globo de
color
sobre los suburbios...

¿recuerdas? un día
ayudados por un cura ciego
encontramos rubíes en la corona de espinas

alguna vez
contaremos nuestros pasos
            bordeando el infinito
tu boca está rumiando llaves secretas

hijo mío
este panal que exhalo en la ferocidad

de mis a b e j a s
este crematorio de noches sin fin
este manojo de alas de ángel
......justiciero
este anhelo de morir enamorado

algo humedece el desierto
         la lengua de un caballo blanco
humedece el desierto

tu mano acaricia un bosque
        trémulo
que empieza a caminar

El fantasma acecha entrechoca los latientes cráneos

todo triunfo ha de ser inacabable

son otros tiempos   otros
sucesos despiadados
otros bautismos por inmersión
......en un pantano seco

te digo (si me atreviese a decirte)
por eso te digo   digo
has de mantener tus esclavos al rojo
tus águilas filudas en torno
a la estrella común

tu rosa de sanguíneo bronce

recuerdo
eras un vehemente joven altisonante
ahora te veo como una columna
                equilibrada
sobre un toro furioso

no me redime mi ceniza
sólo tú... ¡oh mi obstinado
en ser un hombre sin fin!

sombras de carne son los que trenzan
raíces de la piedra
hacen memoria de lo que serán

mira cúmpleme algunos mandados
a Rubén
        dale una oreja de cisne

a Sandino
el son de mi vida lagrimeada
a Juan-juanito ala-de-conejo

¿qué puedes darle a juanito
          cercado por una luz tan pálida?

era sólo un niño

le cortaba la cola de vidrio a las
alondras

él regresa siempre prosiguiendo su
camino...
entre tumbas en flor
él me atesora la mente negra
él me empuja hacia la avidez de lo
increíble

hijo
tus dedos nítidos hurgan en mi
esqueleto
que se deshace dentro de una nube de
abejas
(así sucedió con Aristeo)

ya no me queda auro
ya no me queda sino una paloma lustral
cruzada sobre mi corazón

mira
te dejo fotografías espantosas
el viejo de la carne que ya lo está
          deformado
metido en la oscuridad de un cine
roe una rebanada de p a n y e r t o

veo una montaña de hierro
embestida por la Luz Sonante
¿acaso los muertos comienzan a remontar
el tiempo
atravesando Ceros Absolutos?

no me veneres
lo único que yo quiero es ser vengado
            una y mil veces si ello
contribuye
a la expansión de la Sonrisa

aquí están mis flemas mis cascabeles
mis resoplidos de buey siempre
moribundo

Remojo esta antorcha en la herida generadora

me asombra la plenitud de tu vida
magnética
lo que en mí fue sibilino
en ti es la Evidencia Pura

sé que a veces me imaginas
rastrillando en el estercolero
            frotando mohosas medallas
meando en la leche
signando la frente de Simón el Mago

pero
en la sombra huracanada
mi pecho es un estallido hacia extensiones
inauditas......

(me envías un saquito con flores de
valeriana)

lléname incesantemente el vaso con
rocío
con sangre del cordero
los anteojos gruesos se los lleva un
pájaro

échame la culpa de todo
            cuando bueno o malo
te perturbe la visión el universo

otras formas saldrán del agua
fermentada
            ciertamente maravillosas
........mas no sé si tan magnánimas

enloquecí mi brújula
guíate
por la bosta del camello

cuídate mi niño mi
......paje de la Reina de Saba
mi alborotador
en los tejados de la Casa del Ogro

preserva tu sangre para rociar los
gérmenes
de aquello tan venidero
      que tal vez nunca arribe
pero que nos t r a n s f i g u r a

je fus homme   je fus rocher
je fus rocher dans l'homme
homme dans le rocher (P Eluard)

me conforta tanto el ahínco
......de tu condición propicia
bien sé que azotas tu sueño
para rehuir lo azaroso
el laurel ensombrece prontamente

ay mi centinela dentro de la sombra
verde

Roberto Echavarren

La planicie mojada (2-6)

La dama de Shangai

ROBERTO ECHAVARREN

Nació en Uruguay en el año de 1944. Ha publicado los siguientes libros de poemas: El mar detrás del nombre *(Premio Editorial Alfa, 1966); y* La planicie mojada *(1980). Es suyo un libro de crítica titulado* El espacio de la verdad: práctica del texto en Felisberto Hernández *(1981). Enseña literatura en New York University.*

La planicie mojada

2

Crepitan impregnando la planicie
la saliva y la lluvia—vara a vara resuena el cloqueo
de los huesos en el cuarto de boca enjuta, carcomido
golfo donde se han sumido las facciones, que escupe
las gotas que riegan la planicie: la o oval agolpada de gotas
o de dientes, arrojados antes de que el caucho del
    limpiaparabrisas
renueve el juego.

Una magnífica lección, me dije, tal vez para ser
aprovechada, arrancada del olvido:
los dos jóvenes perfectamente complementarios en su
    tipología
triscando con el paso las baldosas en animada
conversación. Pero en la bella nébula cóncava retuve
apenas si un giro del cabello aventado por un cepillo.

4

El ano se separaba como un labio
sin recordar a la gallina que le está
atribuída. Pero lo que no era perfume,
ni voz, la activa claudicación de los
prosódicos anuncios: un rostro tridimensional
esposado en su pupila
con el agua y los niveles de la madreperla;
quiso imaginarlo y también poder hablar:
un olear desconsolado y transparente.
Encontró que las banderas de colores
podían revolotear anudadas
en el lugar que las playas eran un ripio
o risco donde un bote en lascas
—atardecía el domingo—

estremecía el aire, el cuerpo
ondeante de la diosa que hablaba
sin moverse cuando su vestidura
era la tempestad.

5

Yo soy el hombre de mi destino, etc. aquí es una casa
sola, la técnica del bebé o la viudita
sin persuadir a nadie, sin que crean en mí
yo soy la momia de la calle Arturo, preparo el café
con menta, descubrí que me había muerto, en aquella calle
con los negros verdosos, las lámparas de mercurio rosado
—su memoria no la respeta nadie, dije.

6

En la calle dejada finalmente al desprendernos
para entrar al museo: un túnel de cuerpos trabados,
golpes de botella, negros verdosos
lamparones azules, y al dejar un farolito
ya nos espera el otro.
Al subir las escaleras del palacio veneciano:
de mármol columnatas y escaleras, los barrotes
redondeados de un cuarto púrpura en mitad de la
diagonal ascendente; allí el poeta en su cámara de
     damasco;
arriba en la azotea de este museo que se inaugura hoy
el hombre, Andrómeda, recogidas las piernas cual aleta de
     pez
mirando hacia atrás, hacia la puerta de la azotea
y a sus espaldas el mar verde petróleo tormentoso;
cae a pico la rada: sube con las olas hasta la rampa de
     cemento
desde profundísima garganta de tormenta a las manos
una ameba: cúpula semitrasparente rodeada
de atentas cilias.

La dama de Shangai

Si te azoto o me azotas, en el crimen de tu
pañuelo rojo, en el aire del pabellón iluminado
por una antorcha en el jardín de rocas redada del destino
en la noche negra, cerca del mar
como un remordimiento antiguo de haber matado al
    hermano
justamente por llevar un pañuelo rojo
tenazmente incrustado a la carne mate, quemada en la
    isla.
Hacia el paraíso de mis sueños, en la proa
él corpulento, con mirada melancólica hacia el diagonal
    cúmulo;
ella con pelo de oro y gorro de navegante cuya visera
corta el rostro en diagonal; si te amo no será por el timo ni
por el remo; así en la próxima escena el ángel piensa en el
    suicidio.
Pero abandonemos el Caribe y vayamos al Golden Gate.
La mirada verde luce allí
al contraluz de la lámpara, y el lobo con sus dientes
discrimina la presa. Te pone rojo el mar
como al rojo instrumento, prepucio en
avances como el tiburón o la corvina se vuelven el delfín
del escudo; la ciudad y la ballena, las líneas de la
heráldica te sujetan al muro. Pero si, entre un crepúsculo
súbito como una interferencia del clima y del horario
nos decimos adiós, el abismo ciudadano hará que
la vida sea cuestión de tos o hielo, el tipo virgen
ahondado por hombres de cuchillo. En amparo y en delicia
busca el ciego su sazón; aunque turbe la razón
su dineral en codicia.
Ciego el mirar, el hoyo hueco
y donde busco el oro médulas de húmeros
me han empeñado hasta las cachas. Así la lección de anato-
    mía

parte del músculo y del nervio, adoba entre los dedos
cordones secantes de los clavos
que sobre el tablón gris o la carne del cerdo
sufrir hemos mañana. Sufrirlos como un préstamo
hecho por el estado, en la ley de la mayor ganancia o la
     abstracta
ley del mayor número, infinito con una pica de buey.
Así el agonizante en un costado, y del otro
a quien mataron el novillo o revocaron la cosa.
Estudiar las estrellas con el método de la geometría
o esperar el arrastre de los pies.
Si te subes la corbata a la garganta, o si no usas corbata
     haces de
nuez luminosa el toronjil al costado del espejo, fosfores-
     cente,
en el foyer de tu desnudo,
en ambos casos has de salir triunfante.
Porque no se ha decidido la batalla
con tu propia cremación; al final, sabiendo que los robos
ocurren en la noche, tú ya en la madrugada te habrás fuga-
     do
sabiendo que los rayos doran sólo los finales de sentido.
A tu pene un pez se agarra, a tu cuello un gancho, a tu
     cinto
un reino, a tu estirpe la riada de los dientes, al agujero
la cal del suplicio, a los ojos la agujeta de jade, al hilo
el bolsón de tu cuerpo, al árbol el flamear de tu hilo,
a tu nueva consistencia las matas que el viento rompe, el
     pasto
a la caída de tu cuerpo.

Elizam Escobar

Estoy aquí, planeando horas

¡Ay de mí, cosa invisible!

Murciélago abatido

El

Tal vez fueron los niños

¡Alzate! Esconde tu muslo

ELIZAM ESCOBAR

Nació en Puerto Rico en el año de 1948. Poeta y pintor. Fue condenado, en 1981, a cadena perpetua por supuesta participación en las Fuerzas Armadas de Liberación Nacional (FALN). Actualmente cumple su condena en la prisión federal de Stateville, Illinois. Tiene un libro de poesía inédito titulado Discurso a la noche y Sonia Semenovna.

Estoy aquí, planeando horas

Estoy aquí, planeando horas
bajo la noche
sintiendo la vaga lejanía
de tus rodillas que dan ganas

estoy como la luna está a veces
observándote a media luz del cerebro

yo no sé por qué los golondrinos no pasan
mientras recojo minutos lunares

el océano del cielo así es
y nosotros lo llamamos tiempo
lo llamamos "a-priori" porque es un gozo
cuando uno lo observa, como yo te observo
con tus rodillas que dan ganas

pero no seas tan hermosa siempre
ayúdame a planear y no seas gata
no seas tan sábana-que-tienta

es que necesito seguir aquí, planeando rostros
haciendo con los dedos misterios
atento de los pichones que no pasan
pensando que las barras son verticales
y que yo estoy en mi cama
medio horizontal y algo inclinado

pero también llamamos espacio a las cosas
y en eso es que estoy pensando
en que me entran ideas absurdas a veces
cuando la luna y los golondrinos se juntan

mas en verdad lo que hago es escribir
tu foto está allá en la otra esquina

la luna: trepada sobre un árbol,
que parece un muerto
y los golondros-camisas-verdes
debieron haber pasado ya y no pasan

yo prefiero tus rodillas, mujer
prefiero besarte las rodillas
a tener que morderte el espíritu
prefiero tu carne a ese zombi de luna
a esas patas de plumas que pasan
que caminan con linternas amarillas

ahora he dejado de pensar y escribir
la luna y los golondrinos no se van a juntar
miro las rejas y me viene un humo a la cama
el océano del cielo se ha puesto todo oscuro
yo he quedado todo horizontal, boquiabajo

...me estoy comiendo tus rodillas

¡Ay de mí, cosa invisible!

¡Ay de mí, cosa invisible!
si acaso murciélago
invisible verano alborado
masacrada ilusión mía:
quisiera tener el pétalo amarillo
o color de los relámpagos
para brindar esta noche monologada

llenarme de brindis, noche
humo con humo
verso invisible ser
aparecerme en tu ciudad
y buscarte por ahí
por donde sale la vida
al lado del olor que nos nace

yo quisiera haber prolongado la laguna
ese silencio de aguas frescas
que nos venía en las tardes
de los sábadodomingos

hubiera eternizado
lo que me tocó de ti
pero tu símbolo está cansado
y yo, revuelto en el sueño

pero hubiera querido tu cara
para hacer estatuitas de carne
eso, mujer de la ele,
yo, que busqué en tus bosques sagrados
el amor todito: antes y después

el mareo que nos toca fuiste tú, virgen urbana
y en verdad marchamos contra todo

contra el polvo blanco tirado ante mi puerta
—"mala pata"—dijiste
y las viejas que cocinan pesadillas

yo me fui sin estatuitas de carne
y las viejas celebraron festejos
pasaron tu rostro por las velas
regaron la voz: "mal bautismo el hombre"

si acaso murciélago abatido.

Murciélago abatido

Murciélago abatido y tú
que igual es paréntesis
lienzogrís o pincel en fantasma.

tú no tienes por qué responder
pero, ¿sería posible la voz,
cuando aún no se es boca?
¿cuando aún tu mariposa babea?

yo insisto en que estoy abatido
que nisiquiera, cosa-que-me-invento
existe un lugar preciso donde agarrarte
¿cómo entonces hacerte la voz?
crearte una y otra letra corrida

es imposible tu cosa-cosa
y sigo tan abatido como seguiré
subterráneo de amor
para un ave que no es ave
—orejudo como yo,
mamíferomurciélago de amor—,
es cosa de nubes

y yo, nocturno mamífero
vivo de sueños dormidos
y chupo de su sangre
hasta tornarme color de ansia

y sabes qué, cosa-innombrable
yo no he visto tus alas membranosas
nisiquiera cuando mi sueño yace colgado
y tengo tanta cosa rara ante mis ojos
ojos de mamífero-ciego.

no, no es cosa de posibles:

ni tú con alas de membrana
ni yo sin sangre que me chupo

electrocutado niño de los cielos
sus nubes clavadas del techo azul
héroe y anti-héroe
ojo avizor de sus moléculas
olfato rastrero de los decadentes

él
hombre electrificado de los vientos
que huele las gavetas espías
como el sereno labio que salibea
que es labio y prensa impía
que grita los gritos del hombre

él
dios que yace por el polvo
ídolo muerto, asesinado por la tierra
convertido en materia que niega
hecho una estatua sin cabeza
en su ilusión, es eterno

él animal que no comete errores
que no ha idealizado a la carne
a su hueso salpicado
rostro que no presiente su imagen
no mirará hacia el cielo nocturno.

Tal vez fueron los niños

Tal vez fueron los niños
(tal vez)
o las noches que renuncia
asustada de tanta hermosura
nerviosa entre las anidadas horas

Tal vez el querido decir de los años
(tal vez no)
uno, que siempre desea que sea algo
un objeto o cualquier cosa
un cigarrillo que dejó a su boca
o unos labios que se despidieron

Pero... ¿adónde van los labios, querida palabra?
¿Hacia dónde y de qué lado están las preguntas?

Yo me río.
Y no es que lo sepa, no,
yo voy poco a poco
por las sombras.
Me río
para dejar mi animal atrás.

¡Alzate! Esconde tu muslo

A la nada.

¡Alzate! Esconde tu muslo
Odia silenciosamente
No esperes los veranos

Tu boca torbellina
cilíndrica sin sueño
a nada a tiempo
¡Que no te quiten de tu nada!

Sueño con ellos
los miserables
Así son las miradas
Alza el látigo
Que el día está ausente

Amas a tanta vida
Cúbrete el pecho
derrota victoriosa
de baño en baño

Ríete siempre confusión
Ojo que quiere ver
Nalga

Hacha cortadora
muerde ese vientre
en dirección contraria
ráscale el amor
la rabia

Tu pelo mojado
¿quién se atreve a
beberlo?

Es pluma herida
el amor
que te define
Libro y paredes
Nadie y nada

Precisamente el amor
esa otra guerra
Frágil

Ya nadie quiere perder
Por eso
leo en tu libro

Cierra tu falda
El día es por ti
La noche
está muerta.

¡De nuevo la misma
escritura innecesaria!

Rosario Ferré

Fábula de la garza desangrada

Requiem

La fuerza de la sangre

ROSARIO FERRE

Nació en Puerto Rico en el año de 1942. Dirigió la revista "Zona Carga y Descarga" de 1971 hasta 1975. Ha publicado un libro de cuentos, Papeles de Pandora *(1976); y su hermoso libro de poesía titulado* Fábulas de la garza desangrada *(1982). Actualmente reside en Washington.*

quiere soltar su grito en el espejo,
vomitarlo como esperma diamantino
por los acantilados de su rostro,
arrastrarlo al fondo de su propio río,
parir en dos la luna entre las piernas.

quiere darse a luz quieta y terrible,
enroscada sobre su propio cuerpo
que sus caderas se abran como fruta
dividida por el tiempo en dos mitades;
de su centro su alma caerá al suelo
como semilla negra y enigmática.

quiere profundizar en el reflejo
de su bordado maravilloso;
fijar sobre el vidrio su escritura,
grujirla con su sexo.
absorbida en su labor paciente
recoge así, en el estambre glicerino de sus sílabas,
los pormenores de su historia:

"madre doncella me llaman en la noche
cuando me cantan con lengua de cobalto.
no es mi cuerpo el que canta, es mi espacio,
no mi presencia fiel, sino mi ausencia,
la fragancia del mal que me persigue.

"a mi carne prefieren su esencia destilada;
a mis ojos, el madrigal que compusieron;
a mi cuerpo, su alma dividida
en el reverso perfecto del espejo.

"a mi doble se entregan cada día
en un amor puro y sin lujuria:

se bañan en la corriente helada de su abrazo;
abren sus venas a la luz, daga asesina;
se tiende a la orilla de su rostro
como si se tendieran junto a un lago alpino.

"el trato que le dan a mi gemela
es claro ejemplar:
la llevan y la traen sobre andas;
besan sus blancos pies, sus pies de Isolda;
la pasean por la calle de la fama,
coronada de puñales y diamantes.

"Venus de Kostenki, Cíclade de Lespugues,
con dos almas en un solo cuerpo, dos
corazones y de cuatro en cuatro los golpes
que la hacen caminar;
la humillan y deshabitan costa a costa,
la destierran de sí misma palmo a palmo.

"navega por su cuerpo sin descanso,
es todas las mujeres y ninguna,
madre de nadie y su propia huérfana.
todo lo contamina con su tacto:
la herida que abre,
la leche que corta,
el vino que agria,
el can que enloquece,
los panales horros de miel,
los panes ácimos.

"dintel perfecto de la madre muerta,
su cuerpo está marcado por el tránsito;
por la caducidad de la nieve que la viste,
por el terror de la leche que la irriga,
germinando en su vientre manos,
rostros, pies, todos allí creciendo,
en un caos de vegetación enloquecida.

padres, hermanos, hijos
ajenos o desconocidos,
enredadera interminable por la cual desangra
hasta que el viento pula su ramaje.

"su vientre es una cámara de sombras
por la que transitan las generaciones;
caverna de ecos infinitos
en la que los pensamientos, los gestos, las palabras,
las oraciones de los otros,
tropiezan como pájaros.

"¿cómo disputarle a mi doble la victoria?
en su nombre se han devastado mundos
y desmadrado los océanos,
se han levantado templos,
se han compuesto églogas, antífonas, preludios,
se han interceptado proyectiles,
apoyado en su triángulo dorado el ojo implacable del sol.
su rostro ha sido inventado tantas veces;
madre, hermana, hija
querida que jamás cargó en su vientre;
su cuerpo es una torre de vesania
girando eternamente en el vacío,
soberbia del hombre que en su nombre
invoca la eternidad perdida.

"¿cómo llamarla vencedora
si la muerte la habita y la define?
¿cómo sacerdotisa del misterio,
si ignora a dónde va, de dónde viene,
saltando de rama en rama como garza
desangrada de la propia vida,
sin caminar jamás del propio brazo?

"su rostro es un hueco de sal para no verse,
una aguja de hierro para su transparencia,

un 'Laura mía, ya sé que no lo eres,
porque este amor, que ha sido flor de un día...'
un surtidor eterno para su vanidad,
girando por los hombres como un látigo.

"Ay de mí, por siempre
torturada por mi propio aliento,
si confío en ese doble que me observa,
conjurado en el espejo por los hombres.
antes Medusa y la cabeza poblada de serpientes.

"antes transgredir su cuerpo helado,
aniquilarla en polvo, demolerla,
bajarla de su trono, encarnecerla,
obligarla a empuñar con ambas manos
la cuchara de palo con que come,
el cuchillo de plata con que mata
y divide en dos, de un solo golpe,
la razón de su ser, de su sentido.

"virazón de la madre que retorna al mundo,
desorbitado el rostro y el cabello,
toma entre ambas manos ambos ojos
para recuperar con ellos lo perdido:
hijos, palabras, actos, gestos,
el fruto de sus brazos y sus ijares.

"entra en la pasión como en un cuarto
sin amo, puertas, techo ni ventana;
ese cuarto prohibido desde siempre,
sordo, mudo, ardido, la cal de la pureza,
el sepulcro blanqueado de María
tapizado de lirios y de rosas.

"sentada ante el espejo se describe
más acá de la ribera de su muerte;
su alma dialoga con su culo

de ruiseñor a ruiseñor:
ese culo cantor de estrella o astro
que entona melodías milenarias.

"se muestra ante los hombres:
los hace palpar su cuerpo en peso y forma,
espía su alma por la cerradura secreta del oído,
persigue su corazón por las marismas del vientre,
escucha cómo el murmullo de su deseo pasa y repasa
      sin tregua
bajo el párpado sellado de su ombligo.

"se depila las cejas, se rasura la axila,
como si se rasurara las naranjas del éxtasis;
trepa a la mata de pelo más ardiente del día,
y su cuerpo cae súbitamente frente al mar
como fruto desolado.

"camina, suda, se esfuerza,
trabaja, come poco, no depende;
come la propia carne suya,
come mar, come tierra,
se adoba una costilla para el almuerzo de mañana;
se multiplica y alimenta de sí misma,
tan bien, tan naturalmente
distribuido todo sobre un orden previo.

"pare y sustenta lo que pare,
unifica lo diverso y en su centro
el uno es tres y el tres es uno indivisible.
por su vientre zumban las eses de un panal de plurales
que ella sola conjuga;
sus orgasmos son un pasillo con mil puertas
por el que se disipa y difumina
como quien entra y sale transparente por los ojos.

"Polifema se observa en el espejo
con el único ojo de su sexo;
se examina con él atentamente.
es el ojo de su vida consciente,
el temor de haber sido y el futuro terror...
en su vergel de venus amanece cada día,
sobre su zarza ardiente;
su llanto la quema y la revive,
aspira deliberadamente su olor etílico;
se lo ciñe ahora mismo al bajo vientre
para ayudarse a sí misma en el trance del parto".

terminada su historia se levanta.
su tejido cae al suelo y estalla entre los tambores
de su bastidor maravilloso.
yace su doble entre espejos estallados
con todas las venas abiertas
madre, hermana, varona, hija,
suelta por fin su grito a ras de risa,
a ras de río y lago alpino,
a ras de ese cristal que ya no la aprisiona.
instantánea, incandescente,
se desangra por sus mil heridas;
fluye su sangre blanca en éster nítrico,
y escribe con ella su nombre al pie de los fragmentos del
        poema
para mejor después desvanecerse.

Requiem

Teseo se ha convencido al fin:
el Minotauro es su destino.
se levanta y ciñe al cuerpo el escudo.
al calzar las sandalias, las ajorcas de sus brazos tañen
como relámpagos.
perniabierto y cíclope se cierne sobre Ariadne,
implacablemente enojado,
y se ajusta al cinto el puñal.
ignora si el Minotauro es un monstruo,
o si representa la ferocidad del bien,
doblada la cabeza de testudeces mansas antes de sementar
el amor.
le susurra al oído que algún día habrá de regresar.
le ofrecerá entonces una rica cornamenta de marfil,
transportada en cojines de brocado
desde el otro lado del mar.
Teseo la estrecha por última vez sobre su corazón,
y se aleja,
iluminando el laberinto con el brillo de su espada.
Ariadne se apoya contra el muro.
escruta las galerías con el ojo ahusado, ahilado
en la negrura como un cono de luz.
Una espiga de cartílagos glaciales
se le ha astillado a lo largo de la espalda.
se desliza hasta encontrar asiento sobre el polvo
apisonado de oscuridad sin fondo.
un dolor le desgarra súbitamente las entrañas
y siente un vino tibio escurriéndosele por la entrepierna:
ha comenzado a abortar al Minotauro.

nada turbe el ordenamiento temerario
de Tebas la de siete puertas:
condenado a muerte quedará quien ose
sepultar a su hermano, muerto después de muerto.
sometido al infausto yugo
los tebanos se auscultan las espaldas,
de omoplato delictivo en omoplato,
renegando de las leyes de esa sangre
que libre los vio nacer y que ahora brilla
a cada golpe, a cada onza del intragable corazón,
sobre la mejilla del tirano.
porque la fuerza de la pasión ya nada puede,
abandonado habita el amor entre las fieras,
más allá de toda amurallada sombra.
nuevamente la árida tormenta
arrastra sus abrojos por el llano
y asienta sus talares vestiduras
en torno a la inconciencia y el olvido,
cuando un celaje se disuelve y pasa
junto a los aterrados ciudadanos.
en la penumbra traicionera del crepúsculo
alguien vierte sobre el cuerpo las requeridas exequias:
sin dejar rastro ni huella,
tres veces lo baña en el sediento polvo,
en ese polvo indócil que llora de la tierra
cada vez que perece un rebelde.
trizado había la helada y turbia sombra
el delicado barro de aquel rostro
y la doble ánfora del pecho,
cuando salta de él, resquebrajado, el llanto:
"Oh cruel, infortunada Tebas,
dicen que todo tu pueblo me llora
tras los visillos entornados de tus puertas,
porque sin piquete, ni túmulo, ni azada,

con las guadañas de mis manos y mis uñas,
he sepultado a mi hermano;
mas he aquí que yo los contradigo:
ejerciendo mi principesco privilegio,
confieso no haber venido a sepultar a un muerto,
sino a fundar una nueva tiranía.
que la tierra me rechace
si en mi nombre no caen hoy las potestades
y las hieráticas torres del dominio
del hombre por el hombre.
rueden en mi recuerdo las coronas
del cielo y del infierno y caigan,
asesinas, entre las copas de los justos.
voltéese implacable, bajo la fértil tierra,
la excreta de oro de los príncipes,
y tálense en mi memoria sus huertos y sus tronos.
salten lazos de sangre alrededor de cada pecho
que no doblegue su pie, la lengua, el habla,
ante esta primera ley que desde mi muerte impongo:
la rosa del Paraíso jamás se le negó a un valiente."

Víctor Fragoso

El reino de la espiga

VICTOR FRAGOSO

Nació en Puerto Rico en 1944 y murió en Nueva York en el año de 1982. Publicó los siguientes libros de poesía: El reino de la espiga *(1973); y* Ser islas *(1976). Escribió y dirigió las siguientes obras de teatro:* Huracán Neruda *(cantata basada en el poema de Pedro Mir, 1975);* Dadme mi número *(basada en poemas y cartas de Julia de Burgos, 1977);* La Era Latina *(conjuntamente con Dolores Prida, 1980); y* First Night Out *(1981).*

El reino de la espiga

3

escribir para qué
la lanza vale más que la vela
retrocedo ante ti porque te ríes
te burlas en mi cara de mi cara
que se parece a mí y me representa
con risas centenarias
te ríes y te devuelvo
una risa condolida
que más que acatamiento parece maldición
porque lo es
yo no te amo pero te tolero
porque no puedo odiar lo mío que hay en ti
y porque no tendrías
una definición para tu rostro
si no existiera el mío por contraste
la faena de odiarnos no es excusa
para que me destruya al destruirte
no me odias
es más bien que no sabes aceptar que yo sea
una de tus figuras en el tiempo
                                    hombre yo te completo
        porque existo
                                    mujer existes porque yo te
        nombro
yo me nombro al nombrarnos al nombrarte
verdad delineando la silueta de una palabra
verdad no registrada en tu retina
la que te presento solo indestructible
preguntarás qué voz y la defino

soy el niño negro que anuncia el reino de la espiga

105

tratas a la vida como un simple pasado
tú detenido
suceso precoz tú
tú paso vacío tú
sin darte en ese beso cierto que es el paso sobre la yerba
    fresca
eres un crecimiento
te oigo
aborrezco la agonía que te delata
yo le dije a walt whitman
                      aquella yerba alta florecida
vendrán las navidades
el carnaval secreto de las alcantarillas
o aquel reino del trigo
anunciado por el pequeño negro
que dijo algún poeta en nueva york
y walt riéndote en secreto de los que te admiraban
como voz de lo luminoso de todo lo que américa
y el mundo debe ser
walt sonido atrapado en una caverna walt
la sigues esperando soñando con nuestros hombres
tu pecho ahora pradera
abierta para pasto de las reses

nada que no sea imposible
que no tenga el color de los espacios
que no esté lleno de abismos
nada quiero que sea simple
sin párpados
porque la sencillez es casi una ecuación como la muerte
cuando se me resuelva

las manos con alguna risa
desdoblada al azar
pediré otro cuaderno
para sumar las deudas los asuntos las cartas
nada quiero que no sea tu columna
o una mancha
con la improbable mancha de tu sello

14

hilo hilo crece
disolver disolver
por la calle estrellada del regreso sin aceras
regreso hilo creciendo
desbordándose siempre y siempre dándose
resultado secreto del orgasmo del trueno
hilo hilo largo y disuelto
desperdicio de alas terremotos
calle cama camino asiento todo uno
lluvia
los orgasmos de dios sobre mi sábana

21

federico aterrado por los subways
regando pasos por la atormentada
soledad del east village
supo ver los soldados
los marineros hartos de salitre
sombras de pelo corto
eslabones de luces federico
qué sonido aquel atardecer de los camiones
qué barriles de pólvora las miradas sedientas
los cordeles de saliva sostenidos por dos bocas
y el beso hipnotizado de septiembre

y los sonidos federico de las lenguas clandestinas en la
    noche
estudiantes sin bicicletas
lo persiguen sin alcanzar el fondo de su sangre
    yo vine a ver los millones de patos asesinos
la barriga punzante de una madre soltera
la del bajo alquiler y piernas altas
y encontré la llovizna del beso de dos hombres
y una niña que lee en el village other
un anuncio que dice vuelve a casa
si pudiera con un enorme grito espantar los ratones
o como cernuda
aplastarle la cabeza al mundo
convertido en enorme cucaracha
o al menos romper la maravilla del neón
para abrazar la vida coagulada
en una madre virgen o soltera
en un alcohólico en una puta
o simplemente
mojarme con la sangre de un tecato
para ver el sonido en su garganta

23

vueltas
sobre el eje inmóvil de tu ausencia
segunda persona interminable
que invadió mi palabra
y la esquina adormecida de todo lo planeado
vuelvo a la cama
me canso
sin "repetir los cuerpos en la mañana"
me desgasto
diciendo que daría cualquier cosa porque me invadieras
una vez más remoto capitán
haciéndome explotar como el verano

que sale humedecido de un abril transparente
tarde tostada por la nueva luz
trigo repleto boca
poblada de semillas
me duele tu ausencia
saber que tus sábanas son costas para nuevos naufragios
que estás presente en las huellas de mi mano zurda
en la savia de las cartas de enero febrero marzo abril
en la promesa del mayo que nunca tocó a la puerta del
    fondo
del mar
llegó mayo sin ti
mayo no es más que un mes si tú no estás conmigo
vuelvo
regreso a tu presencia desaparecida
para inventarte una vez más
hijo de mi palabra mío único

25

asunto inconcluso que soy
me queda la palabra atravesada porque no la comprendes
rehúso deletrear es que no es justo
por qué pedirle perdón a las palabras
si te diera el completo surgir de los arroyos
si te entregara el hilo
que te llevara al centro
                    minotauro
no llegarías solo
arrastrarías la procesión de tu niñez
dibujada en el terrible paredón de tu frente
por eso me detengo
porque ruges
porque masticas reposadamente
la carne salivosa del asunto inconcluso
que soy

llegan los personajes me saludan
se acomodan precisos en las nubes
un sonido tremendo me empuja hacia una iglesia
donde encuentro a los muertos confesando
el niño no confiesa
deja de confesarse cuando entiende
que decir sus secretos
es dejar de vivir
sube un ángel a mí me besa el pene
mientras dormito
en un lecho de velas encendidas
bajo a ver quién me llama
subo a decir quien soy
salgo a la puerta oigo
es mi madre que canta por los aires
con un lirio de luz y una maraca
abro el paquete que dejara el viento
unas alas de cera
unos cincuenta pesos un diploma
así preparo todo para el viaje
no falta nada
no soy sino mi último inventario

Enrique Giordano

El mapa de Amsterdam

ENRIQUE GIORDANO

Nació en Chile en el año de 1946. Ha publicado un libro de ensayos titulado La teatralidad del texto dramático *(1981). Se ha distinguido como director de teatro y en 1981 ganó el reconocimiento como el mejor actor hispano por su participación en la obra* Don Quijote. *Ha presentado sus siguientes obras de teatro:* El abedul *(1963);* La bacinica requete brillante *(1965);* 435177 *(1975) y* Juego a tres manos *(1968, 1983). Actualmente enseña en Barnard College.*

El mapa de Amsterdam
(fragmento)

El mapa de Amsterdam
los pinceles
"Hiroshima, mon amour"
tu pieza húmeda
la lenta trizadura que cae desde el techo
los niños desnudos que tiemblan de humedad

El mundo de tu oscura madre nos mira de reojo:
nuestro mundo de tabaco
y café negro
y cigarrillos Gitane
y discos que se tocan hasta el último aliento de nuestros
    pulmones
Tu cuerpo desnudo
        tus ojos perdidos entre las nubes de tabaco
ese afiche de "Hiroshima mon amour"
tu mano que resbala
                distraída
sobre la superficie de mi piel

Tu madre saca cuentas
Nos mira de reojo
Entre latas de conserva
        y quintales de harina
Caramelos de fantasía
        caramelos de fantasía
Nos mira de reojo y saca cuentas

Y nosotros nos hundimos
por sexta octava trigésima
                vez
entre los pliegues de tus sábanas

Entre tus sábanas, Miguel
entre sudor y vaselina
     entre ventanas sucias
y calles húmedas
     y discos de Brubeck
     y niños desnudos
Miguel...

Tu madre nos llama:

          ya se enfría la sopa del crepúsculo
          el pan se añeja
            se nos añeja
            en el mantel olvidado

Los párpados de tu madre
agonizan bajo la ampolleta que cuelga del techo

La sopa se enfriaba
y no la veías a propósito
No la veías porque...

nada podrá invadir nuestro mundo de Brubeck cigarrillos Gitane
        Cortázar
y de tazas vacías que ruedan por el piso húmedo
      sobre una alfombra que ya perdió el color
"Hiroshima, mi amor"
     y me miras sin sonreír
     la pupila de tus ojos atraviesan mis labios sin
   sonreír

El mapa de Amsterdam.

    El mapa de Amsterdam.

        **

Tu pincel
      cargado de mundos
      decías
          de sueños inconclusos
      insistías

Tus pinceles que se sucedían incesantes
Cada pincel es la evidencia de un fracaso
      volvías a decir
Y me dejabas llorando
      (porque...)
          las gaviotas se quedaban sin alas
Monica Vitti se quedaba sin un ojo
      los cuadros se quedaron sin el olor de los pinos
      de esos pinos,
          Miguel...

o el poeta se quedaba sin ver la constelación del cazador

Pincelada tras pincelada
así íbamos
      por tu cuarto húmedo
entre sudor y vaselina
      por esa trizadura que caía desde el techo
entre sudor y tabaco
      y cigarrillos Gitane
       y Brubeck
        y Cortázar
         y Piazzola
y el mapa de Amsterdam

El mapa de Amsterdam

Te quedabas mirándolo
      absorto
    después de hacernos el amor

(Yo en el fondo y nunca te lo dije odiaba de veras
ese mapa de Amsterdam y lo hubiera hecho pedazos si
    hubiera)

Y yo te miraba de reojo
mientras te perdías
        en la primera circunvalación
de su último canal

Te perdías en ese mapa, Miguel
        te hundías en el mapa de Amsterdam que
    compraste frente a la plaza

Te perdías
        y ni siquiera mi mano que resbalaba sobre tu
    pelo y la superficie de tu piel
Ni mi boca que jugueteaba con tus mejillas
                            y tu garganta
        y tu pecho
        lograban traerte de vuelta

**

Los silencios de Pinter
la agonía incesante de Violeta Parra
la clase de Gonzalo Rojas
la pantalla
        (esas pantallas que se iluminaban inagotables
    de mundos...)
tus borracheras metafísicas en El Castillo
tus discos de Brubeck
los mariscos del amanecer
        el abrazo ebrio
                junto a la estación de ferrocarriles

¿Y de qué otra forma íbamos a vivir, Miguel?

Y ahora
     en este palacio redundante de mediocridades
     viendo pasar el último tranvía de Filadelfia...

Cuántas veces tuve envidia
     de la trizadura inevitable de tu cuarto
nostalgia de tus pinceles
de tus mundos inconclusos
        de esas pantallas que sólo nosotros cono-
  cemos
        de esos amaneceres que sólo nosotros cono-
  cemos
de toda la luz del alba en la Avenida Diagonal
     de esos corazones de pino que nunca pintaste...

                  nostalgia
    de tu mapa de Amsterdam
    (que ya empezaba a ponerse amarillo)
                     gris
de ese mapa
    con todos sus circunloquios
    y su redundancia
en los que hallabas no sé qué magia
    qué palpitaciones
      qué nostalgia eterna

Yo estuve en Amsterdam, Miguel, y en una de sus rever-
  siones,
vi pasar la barca de la muerte, lenta, inevitable...
La de siempre

               **

En tu cama había que apretarse mucho
              porque hacía frío y estaba húmedo
        y uno tiritaba
                  hasta que el pecho encontraba el pecho
                      y las manos resbalaban por las profun-
        didades de nuestra piel
y mi aliento a mar
              encontraba tu aliento a mar
a tabaco trasnochado
              a gaviota
                    a vino blanco
al intermitente ruido de las olas

Miguel
tu cabeza junto a la mía
            el mapa de Amsterdam
                "Hiroshima, mi amor"
la guitarra desgarrada de Domingo
la clase de latín a la que nunca fuimos
              las gaviotas de Antonioni
                    sobre esas barcas a las que nunca subimos
Las pantallas
            las películas de la semana
la cerveza amarga de las noches del Nuria
            el brazo disimulado entre el frío de la plaza
Las miradas acechantes de los domingos por la tarde
              el polvo que corre por toda la calle Aníbal Pinto

Tu madre me mira de frente
buscando una respuesta.

¿Qué fue de tanto amor?
¿De tantas promesas en una puerta oscura?
¿De tantos amaneceres en la Diagonal?
            ¿De tantas palpitaciones del corazón?

¿De tanto dolor de madre
        de tantos pliegues del útero
            de tantos pechos que caen derrotados
            en su vientre
        de tantas rodillas que van al piso de barro
          al cemento de una calle anónima
a un grito que nadie escucha

        de tanto amor que nunca se dijo

De tanto Brubeck Piazzola Cortázar ceniceros agobiados
tazas vacías sábanas húmedas trizaduras que atraviesan
    hasta
        el piso húmedo?...
¿De tanta respiración que se muere sola en una cama
    olvidada?

Los ojos de tu madre vuelven a caer sobre su libreta de
    cuentas:
        ya nadie compra caramelos de fantasía

Ojos:
        ojos que nunca vieron el mapa de Amsterdam
        ojos que mueren junto a una ampolleta rodeada de
           moscas
          ojos que nunca vieron irse a las gaviotas de
           Antonioni

                **

(Tu madre mira de reojo la puerta cerrada de tu pieza
    húmeda
mientras tú naufragas en todos los canales de Amsterdam
    mientras

                **

Ese amor que nadie comprende
navega perdido por los canales de Amsterdam

Un rostro que se quedó en el marco
          de una ventana holandesa

los puentes que se suceden para siempre

Esos tranvías que se llevan las últimas contracciones del
     dolor

                              **

Han pasado trece años, Miguel
          TRECE
Esa trizadura cae lenta desde el techo
hasta perderse tras los pliegues de tu cama deshecha
La ventana sucia de miradas
          que se perdieron detrás de la lluvia
y esa calle húmeda
¿Entre qué circunvalación de tus canales, Miguel...?
Se pasaron trece años
          y como que nadie se dio cuenta
¿y qué?

Allí está el mapa
testigo constante y fiel
          de nuestras incesantes inevitables
explosiones de miradas
          de saliva
          y manos y labios y piel
y espermatozoides abandonados en el vacío

En un rincón de tu almacén
          sacas cuentas
entre latas de conserva
y quintales de harina

y sopas en polvo
       sacas cuentas
          y me miras de reojo
Vuelves sobre tus cuentas

Ese amor que nunca se muere
       se nos va poniendo amarillo
Y esta mirada de reojo
         se va fundiendo con otras miradas
            (¿qué fue de tanto dolor de amante
            —de tanto dolor de amigo—
            de tantas palpitaciones del corazón?)

Vuelves sobre tus cuentas
       y tu mirada se pierde entre tanto lápiz y papel
arrugado
Ya no alcanza para un pincel

Miro tu mapa de Amsterdam por última vez
       Y esa trizadura triunfante que nunca entendi-
mos

Y te miro para siempre

              **

Isaac Goldemberg

Crónicas

Un día

Crónicas

Resucitar un muerto

Bar Mitzvah

Marinera de la madre y la arena

Vals de la guardia vieja

ISAAC GOLDEMBERG

Nació en Perú en el año de 1945. Ha publicado los siguientes libros de poemas: Tiempo de silencio *(1970);* De Chepén a La Habana *(1973: en conjunto con el poeta José Kozer); y* Hombre de paso/Just Passing Through *(1981). Ha publicado también una novela titulada* La *vida a plazos de don Jacobo Lerner (1978), traducida al inglés con el título de* The Fragmented Life of Don Jacobo Lerner *(1978). Ha terminado una segunda novela titulada* Tiempo al tiempo *(una próxima publicación de "Ediciones del Norte"). Además, tiene un libro de poesía inédito titulado* Los cementerios reales.

Padre:
Caíste en mí al saltar tu soledad
mas hoy solamente la distancia nos enfrenta
viajeros somos de un mismo camino
en días volcados como puentes

Si yo me hago vigía y permanezco
es para ver pasar el tren de madrugada
invadiéndome el pasado

Padre:
qué lejos vas quedando en mí
como cuando decías vámonos a casa
después de largos sábados de candelabros

Por tu rostro ha caminado el desierto
y mi madre duerme
con el oído atento a una quena

Ven, padre
toma esta mano nómada
caminemos
mientras los ojos de mi madre inventan un espejo

Un día

Un día
un hombre se despierta invadido
por una abrumadora sensación de espanto
se siente monstruo
y devorado por dentro
poco a poco
Da voces forcejea
se maltrata a gritos
Alarga la mano toca su niñez
gravita en el recuerdo
se da vuelta
se encuentra frente a frente
llora
harto de saberse
siempre el mismo
de ser monstruo y hombre
y ocupar tantos espacios
Se entrega al sueño   se retira de su diente
de su uña
habla
adopta otro nombre
confisca su pasado
muda de piel   piensa
desiste del suicidio
espanta al monstruo
se apacigua
duerme
hasta que un día
cuando menos lo imagina
se despierta

El abuelo como alma en pena por la casa
disimulando el hastío de sus huesos
El abuelo noche en vela
armando casas de cartón
para las generaciones venideras
El abuelo que no puede dormirse sin que
le sostengan la cabeza
El abuelo sobresaltado por el aullido
de los perros
delirando hacia el lecho de la abuela
El abuelo mercachifle haciendo su maleta
limpiándole el polvo a su sombrero
cosiéndose un botón de la bragueta
El abuelo que llora con las manos en la boca
que habla en español de la Edad Media
El abuelo con sus maromas de payaso
desternillado de la risa
porque la muerte se le ha metido por los ojos

Resucitar un muerto

Si tu primer antojo de hoy
ha sido hacer algo por la vida
entonces puedes cumplir con el acto cívico
de la semana:
Resucita un muerto
el primero que encuentres de pie en una esquina
un hombre que se te parezca
que sus ojos no sean diferentes de los tuyos
más que en la intención
con brazos que no pretendan otra cosa
que estrecharte con desinterés
que su cuerpo sea una réplica de tu cadáver
—siempre y cuando te hayas visto alguna vez
ante la muerte—

Resucita un hombre cansado de morirse
(no cometas el error de buscar un esqueleto fresco)
Si se te vuelve a morir
no es culpa tuya
déjalo en paz
con los muertos no se juega

Resucita un muerto:
un hombre
—es necesario poner mucho amor en la maniobra—
es posible que ese hombre
(o ese muerto)
seas tú disfrazado de alguien que te observa

Bar Mitzvah

La víspera del sábado mi padre me visita
Viene a lavarme las orejas
a cepillar mi traje maloliente
a darme un par de vitaminas
El sábado mi padre asoma sus ojos desvelados
prepara el desayuno
me lustra los zapatos
saca del ropero mi mejor camisa
Me toma de la mano y pasamos rápido por la puerta
de una iglesia
Casi doblados en nosotros mismos
andamos perdidos en calles sin salida
espantando moscas que se nos paran en el rostro
En la sinagoga de Breña nos esperan tres ancianos
una mesa con tomates y sardinas
vino y un molde de pan blanco
El rabino me hace subir a la bimah
los viejos me sonríen
rezan entre barbas
El rabino me indica que empiece la oración
me pongo de rodillas
mi padre enrojece de vergüenza
Un viejo me señala en la Tora unas palabras
tartamudeo de los nervios
miro a mi padre de reojo
a mi viejo padre acurrucado como un feto en medio
del festejo

Marinera de la madre y la arena

Tu casa vacía la habitas con el pelo empapado
y tu hijo por nacer vive en ella colgando
bocabajo
       del techo
Tú te arrodillas para beber de su charco
La sed me ahoga, dices
mientras tu hijo gotea alfileres de plata
Cada quien construye su dios—pequeño,
con su falo de espinas—
Ay, qué duele más: la idea o el tacto?
Los ojos del niño presagian tormenta
sus pupilas ennegrecen el cuchillo
que aletea escamoso en tu mano
como un guerrero que aguarda la derrota
de calcarse a sí mismo
Los ojos del niño—dos soles
detrás de tu cerro—envejecen tu historia
y se llena vacía de tiempo tu casa
Sangre de tu sangre Ser de tu ser
ese niño más tuyo que tu propio cuerpo
que el corazón, en crescendo,
monta con espuelas y látigo
inesperada noticia de una batalla
que diariamente se da en tu casa
—la casa de todos—
Tú, victoriosa; él, derrotado
él, en su mano, la espada;
tú, en mano suya, el pescuezo
y nadie sabe para quién trabaja!
Por eso de noche un muerto
viene a golpear la puerta
de tu casa vacía
donde exprimiéndote el pelo
amamantas a tu hijo

Vals de la guardia vieja

En la noche de los dos
la amada se duerme
en las dos noches
se duerme la amada
los dos amados
se duermen en la noche
los dos amanecen
en la noche amada
el uno vigila
y la dos se duerme
la dos despierta
y el uno se sueña
el uno se abre
y la dos penetra
en la noche que duerme
los cuerpos despiertan
en la noche que sueña
la una habla
y el dos silencia
el sueño que duermen
los dos sueños hablan
y el silencio anochece
la noche calla
y los amados se sueñan

Alexis Gómez Rosa

Cédula métrica

Cielo pragmático

Una y otra vez me preguntaron

Cartón de publicidad

Silencio central

Pienso triste cruzar por mi cabeza

Paisaje manual de urbanismo

ALEXIS GOMEZ ROSA

Nació en la República Dominicana en el año de 1950. (Poeta a caballo entre Santo Domingo y Manhattan). Tiene los siguientes libros de poesía publicados: Post-Muerte *(1973) y* Pluróscopo *(1976). Dirige la colección de poesía,* Luna Cabeza Caliente. *Trabaja en un nuevo libro de poesía,* Expediente para un asilo.

El día gato y la noche pantera
una estación de guaguas y autos muertos
una gota de semen deshuesado
El día cárcel la noche cementerio
Antonin Artaud: el Electro-Choc como el bardo
(Una lámpara murmura sobre la mesa
la cigua palmera que observa su luz fría)
El día santo señor y la noche murciélago
un relámpago disecado en el azul mariposa
el cuerpo de un avión bimotor sobreviviente
El día carmelita la noche verde olivo
(Flor silvestre de papel
luna criada por las aguas) Hoy es domingo
de raíz/ vaya/ domingo a todo árbol.

Cielo pragmático

Un día como hoy
            estuve cementerio
en el cementerio de Newark
Estuve de carne y hueso
            la soledad cuerpo y alma
muriendo un chin como se muere mucho
henchido de irrealidad
            se cubre la palabra
Abrazado a un lamento
            la palabra
en el verde británico
del cementerio de Newark
estuve acompañado de mi cuerpo.

Una y otra vez me preguntaron

Los hombres del Parque Central
esperan que la vejez llame a su puerta
(perdón: he de comenzar de nuevo)
los hombres del Parque Central
se hacen viejos en la niñez de alquilar
su tiempo de museos
        Se visten de guerreros
los muchos hombres
batallas y riñas almacenan
(Narración:
                tercera persona de quien narra
lugar común:
                la técnica de los espejos)
algunas veces como autores de oficio
otras tantas como testigos oculares
del fuego:
           estos hombres
que también llevan corbatas
y celebran el sol cuando el sol ya se ha ido
una mujer dejaron en cada puerto
       de la noche
un niño les suicida los días que se inventan.

Cartón de publicidad

Soy hombre de mingitorios callejones
        (su olor varonil vende más que el drugstore
más cercano) soy una musaraña que organiza
su teatro (ilumino el entarimado y baño el público
        con sangre de gallina en la sangre)
soy un hombre de apaga y vámonos
(la mochila en el pensamiento/a decir verdad:
        la mochila en los malos pensamientos)
soy una güira en tránsito a una orquesta de cámara
        (palabra que trae palabras
la música de alquiler contra viento y marea)
soy un virgoneano bajo el signo de escorpión
(todos los signos reúno bajo el signo de escorpión)
        soy una página pluscuamperfecta
desprovista de todo lo perfecto
        (en la columna izquierda los verbos auxiliares
los verbos auxiliados en la columna derecha)
soy una especie de arqueólogo del sueño
        (mitad cuerpo de luz/la otra mitad de sombra)
soy en mi osario de letras un manifiesto de sangre
(¿quién ha puesto a secar el alma en mi recinto?)
        soy el hospital del silencio.

Silencio central

Tus ojos de alquitrán celeste
mueven dos peces recorren el fondo
de la noche
No voy a llamar a tu escondrijo
(peor que llamar al cuerpo de una madre
muerta)
No murmuraré de las llaves
Tus ojos me ofrecen la cárcel
de tu exilio:
una carretera encendida
empuja el carro fúnebre del sueño.

Pienso triste cruzar por mi cabeza

Y ahora he de ponerme la piel
Salir por una manga de la luz
(¿Quién habrá dicho esto que escribo?)
a orinar tu nombre por la calle amarilla
Secar la voz
sobre la tierra al alma
pienso en trenes/puentes
teléfonos/consultorios
(incluso el tibio azul de las palabras
en un golpe de aire líquido)
pasan los restos de mi sombra
afines con otras verdades y sucesos
que ahora observo desde el verso
número uno
habita cuenta el verso único
lo demás es un acto de indiscreción
Pienso triste cruzar por mi cabeza.

Paisaje manual de urbanismo

Un espejo carnicero me reclama
En el paso siguiente:
            el cinematógrafo
huele a semen virginal
                  (fin de la primera escena)
A un ojo de la tienda de zapatos
                  dos latidos de fuego
perviven en la mirada certera
                    Un espejo
antropoide avanza contra mí
        forma la esquina
Palo Hincado y Mercedes
Cruza veloz un carro de bomberos
y la pequeña Berenice moja su grito
en la sorpresa
           Algo ha quedado impregnado
en este aire de otoño
Esa conjunción de autos que avanzan
        los hombres numerosos
Un espejo antropoide corre sonámbulo.

Oscar Hahn

La muerte está sentada a los pies de mi cama

Visión de Hiroshima

Don Juan

Nacimiento del fantasma

Fantasma en forma de camisa

OSCAR HAHN

Nació en Chile en el año de 1938. Ha publicado los siguientes libros de poesía: Esta rosa negra *(1961),* Arte de morir *(1977) y* Mal de amor *(1981). Además ha publicado un libro de ensayo titulado* El cuento fantástico hispanoamericano en el siglo XIX *(1978). Es coeditor del* Handbook of Latin American Studies *de la Biblioteca del Congreso de USA. Enseña literatura en la Universidad de Iowa.*

La muerte está sentada a los pies de mi cama

Mi cama está deshecha: sábanas en el suelo
y frazadas dispuestas a levantar el vuelo.
La muerte dice ahora que me va a hacer la cama.
Le suplico que no, que la deje deshecha.
Ella insiste y replica que esta noche es la fecha.
Se acomoda y agrega que esta noche me ama.
Le contesto que cómo voy a ponerle cuernos
a la vida. Contesta que me vaya al infierno.
La muerte está sentada a los pies de mi cama.
Esta muerte empeñosa se calentó conmigo
y quisiera dejarme más chupado que un higo.
Yo trato de espantarla con una enorme rama.
Ahora dice que quiere acostarse a mi lado
sólo para dormir, que no tenga cuidado.
Por respeto me callo que sé su mala fama.
La muerte está sentada a los pies de mi cama.

Visión de Hiroshima

"... arrojó sobre la triple ciudad
un proyectil único, cargado con la
potencia del universo."
Mamsala Purva
Texto sánscrito milenario

Ojo con el ojo numeroso de la bomba,
que se desata bajo el hongo vivo.
Con el fulgor del Hombre no vidente, ojo y ojo.

Los ancianos huían decapitados por el fuego,
encallaban los ángeles en cuernos sulfúricos
decapitados por el fuego,
se varaban las vírgenes de aureola radiactiva
decapitadas por el fuego.
Todos los niños emigraban decapitados por el cielo.
No el ojo manco, no la piel tullida, no sangre
sobre la calle derretida vimos:
los amantes sorprendidos en la cópula,
petrificados por el magnésium del infierno,
los amantes inmóviles en la vía pública,
y la mujer de Lot
convertida en columna de uranio.
El hospital caliente se va por los desagües,
se va por las letrinas tu corazón helado,
se van a gatas por debajo de las camas,
se van a gatas verdes e incendiadas
que maúllan cenizas.
La vibración de las aguas hace blanquear al cuervo
y ya no puedes olvidar esa piel adherida a los muros
porque derrumbamiento beberás, leche en escombros.
Vimos las cúpulas fosforescer, los ríos
anaranjados pastar, los puentes preñados
parir en medio del silencio.

El color estridente desgarraba
el corazón de sus propios objetos:
el rojo sangre, el rosado leucemia,
el lacre llaga, enloquecidos por la fisión.
El aceite nos arrancaba los dedos de los pies,
las sillas golpeaban las ventanas
flotando en marejadas de ojos,
los edificios licuados se veían chorrear
por troncos de árboles sin cabeza,
y entre las vías lácteas y las cáscaras,
soles o cerdos luminosos
chapotear en las charcas celestes.

Por los peldaños radiactivos suben los pasos,
suben los peces quebrados por el aire fúnebre.
¿Y qué haremos con tanta ceniza?

Don Juan

Todas estas mujeres que rodean
el lecho donde yazgo cada día
son un coro de velas carnosísimas
pero se van en fila retirando
y estoy solo otra vez en el espacio
del mundo y ahora pasan lentamente
por mi lecho de nuevo pero no
aunque estás a mi lado respirando
con tantas bocas tantos ojos múltiples
locamente y yo miro el cielo raso
y el lecho donde yazgo cada día
mientras todas las bellas van poniendo
flores blancas sobre este pobre cuerpo
que me cubren de arena que me cubren
de arena blanca y respirar no puedo
en mi lecho caliente circundado
por mujeres que rezan y que lloran

Nacimiento del fantasma

Entré en la sala de baño
cubierto con la sábana de arriba

Dibujé tu nombre en el espejo
brumoso por el vapor de la ducha

Salí de la sala de baño
y miré nuestra cama vacía

Entonces sopló un viento terrible
y se volaron las líneas de mi mano
las manos de mi cuerpo
y mi cuerpo entero aún tibio de ti

Ahora soy la sábana ambulante
el fantasma recién nacido
que te busca de dormitorio en dormitorio

Fantasma en forma de camisa

Estuve todo el día entre tu ropa sin lavar
disfrazado de camisa sucia

Te oí llenar la artesa con agua
y abrir la caja de detergente

Te vi de rodillas frente a la artesa
restregando las prendas una a una

Y ahora siento tus manos atónitas
y tus ojos clavados en mí bajo el agua

porque aunque raspas y escobillas y refriegas
no consigues sacar la sangre de mi costado

Orlando José Hernández

Un caballo de luz para montar el agua de los sueños

Encomium histrionis

Usted tenía razón, Graciany, pero no se acabarán
los poemas

Sólo en la oscuridad percibimos claramente tu
sombra

Autorretrato con cigarrillo

ORLANDO JOSE HERNANDEZ

Nació en Puerto Rico en el año de 1952. Ha traducido al español a los siguientes poetas: W.S. Merwin, John Ashbery, Elizabeth Bishop, Hart Crane y Wallace Stevens. Al inglés ha traducido a Díaz Casanueva y a Lezama Lima. Organizó el taller "Rácata" del Hostos Community College (1982). Tiene un libro inédito de poesía titulado Ahora el tiempo: ¿Cólera? ¿Canto?

Un caballo de luz para montar el agua de los sueños

A Clemente Soto Vélez

Toda la noche se oyeron pasar pájaros
Un sonido perfecto como de barcos y de catedrales
O un lugar donde la felicidad y la vida sean como tu poesía
Tú inventabas palabras repletas de ternura
Silbidos del viento en el Mar de los Sargazos
Por eso tal vez les llamaban la Atalaya de los Dioses
Porque quién sino los dioses para recordarnos la fragilidad de la vida
Quién sino los hombres para inventarnos el Cielo y las miserias de la Tierra
Pero tus palabras eran hermosas y llenas de sorpresas
Como el regalo de un hombre muy sabio
Que conoció la Libertad y el Amor
También el presidio el hambre & la sed de justicia
El destierro de los barcos y la enemistad de los relojes
O las noches interminables en el hielo de la separación
No ha de ser la nobleza como un don ancestral?
Pero tú idolatrabas el sueño de los muchos
Como un patriarca fundador de ciudades:
Qué son tus poemas sino ínsulas de un archipiélago más vasto?
Un anciano extraordinario en el panteón de los niños
Tus palabras vuelven ahora como un sonido perfecto
O como la Libertad Misma
Y en ellas nos reconocemos

Encomium histrionis

(A Bertold Brecht, quien ante el Commission for Un-
American Activities...)

Semejante a un bailarín que se desviste
terminada la función obligatoria,
y sosegada la mueca que le asiste

desrepresentando anécdota e historia.
Triste, del payaso, la sonrisa niega:
burla en secreto a la audiencia que le escoria.

Puesto que apláudele quien más le refriega,
fuga del espectáculo al pan privado.
Abjurando el haz de su mentira griega

deshácese de tejido y de calzado,
y prisionero del escozor de entreacto
desaparece desnudo del tablado.

Mas probo, aboliendo artificioso el pacto
—cual maculado oficiante sin tonsura—
revierte al tal Tribunal con su Escritura
que (¡danzada acusación!) júzgale intacto.

Usted tenía razón, Graciany, pero no se acabarán los poemas

A Graciany Miranda Archilla

La Tierra gira
EL CERO VERDE también gira
Adiós Adiós Adiós   Muñecos que somos
El horror de la Creación
La Nada
O un firmamento sin luna y sin estrellas
No exactamente la Rosa de los Vientos
Algo semejante al hongo nuclear   (De una belleza per-
    versa)
Nosotros también giramos   Aunque se acaba el aire
Se acaban los mirlos   Los pulmones se acaban
Nuestros nombres preparan su equipaje
Nosotros nos vamos en el próximo *Black Hole* que pase por
    esta galaxia
Las galaxias también giran
Tal vez dejan polvo astral en su inasible ruta por el Cosmos
O quizá se disipan   O se borran
Como se borrará este poema
Todos los poemas/
Borrándose hasta dejarnos a oscuras/
Con nuestra pequeñez de infusorios/
Mirándose al espejo ciego/
Esta es una belleza sin nombre
Timón dislocado ante la espesura de la Vida
La barca haciendo aguas   Y la marea subiendo
Algo más poderoso que un reloj de arena
Franqueando el Portal de la Muerte
(Cosas que todavía nos son ignotas)
Usted es como un hombre desnudo que boga sobre un
    iceberg

Su corazón es como un As de Espadas
Su lucidez es mayor que todas las revistas literarias
No me extraña que su obra no sea más conocida
¡Dejadme penetrar hasta vuestra casa! dice EL LIBRO DE
  LOS MUERTOS
Tal vez mañana haya otros poemas
Aunque el espejo nos devuelve una imagen manchada
Que es la suya Y que es la mía
Mientras tanto se vive como se puede
La Historia a veces también es ciega

Sólo en la oscuridad percibimos claramente tu sombra

A Dionisio Cañas

Tampoco se oyen otras voces.
El viento es finalmente más tranquilo.
La misma noche, Hart Crane, los mismos

Sueños que acaso te ocuparon entonces.
El panorama en realidad no ha cambiado tanto:
Igual tedio, igual vértigo, algunos edificios más altos.

Probablemente echarías de menos la estación de Penn
    Central,
Llena de arcos y columnas con fotógrafos para decir adiós.
Salvo que el aire se ha vuelto irrespirable: más

Smog, mayor cantidad de pulmones —el vapor
Que surge en espirales desde las alcantarillas.
La luna a veces moja sus puntas en el East River.

Pero los astros que nos tocan son mezquinos.
Y muy pronto van a hacer cien años, Hart. Ese puente
Es casi lo único que vale la pena en este estuario:

Imponente, pero sin presunciones, un pasadizo que
Conduce, no a Brooklyn —aunque allí ciertamente
Se ancla— sino al Infinito, a la Muerte-misma, al

Cariño, a todas esas cosas que no podemos precisar
Sin maldecirnos. Las sombras que proyectan los cables
Son las nuestras. Las torres son un par de gargantas

Silenciosas, pero allí no se oye rebullir
La corriente, y ese cuchillo de luces es Manhattan.
Veo tu rostro sobre el agua, Hart, con ojos como

De un niño que no quiere morir todavía. ¿Qué es
El Infinito? ¿Qué son las lluvias y los días sino el reflejo
De esta singular armadura hincando sus astas en el cielo?

¿Qué son las sirenas de los barcos que zozobran al lado
De un hombre que quiso acompañar la profunda soledad
    del océano?
¿O no es la compañía la única forma del Amor de que
    podemos

Hablar sin arrogancia? Nuestras vidas son los ríos que
van a dar a tu puente, Hart, que no es el morir sino
El seguir muriéndonos como animales miserables en una

Vigilia siniestra. Giran allí como un tiovivo,
Y allí se pierden, entre huesos, estrellas y planetas.
Lo demás es el viento y este firmamento mezquino que

Tú muy bien conociste. Pero los atardeceres y
Los trenes me han traído tu recuerdo como una música
Acallada, libertaria. Yo hubiera querido conocer

Tus impresiones de México, pero antes que llegar a ningún
    puerto
Tú decidiste lanzarte por la borda. ¿No es eso ya
Bastante más de lo que nosotros hemos logrado?

Descansa, hermano.
Tú también eres inmenso —como el Puente.
Y la vastedad del mar te necesita.

Autorretrato con cigarrillo

No he soñado el terror en vano. Hay otra ciudad dentro de la ciudad donde las parejas bailan el baile de la vida sin mirarse. El humo azuloso brota de mis dedos como un hilo que se va ensanchando. Acaso mis ojos han visto demasiado; el color de la muerte, la mancha borrosa de los días, los animales que habitan la noche, el rostro del más allá o las pequeñas pasiones de que se nutren los años. Todo esto se refleja en mi semblante y no faltará quien me atribuya la demencia. Pero mis ojos nada dicen. Una sucesión de cabezas pasa constantemente frente a ellos. En esas miradas veo el humo ascendente, el brazo en posición angular, la mano metálica, la sombra entronizándose y un par de ojos que se proyectan fuera del lienzo y regresan siempre a él, vacíos, distantes, inmunes a las maravillas o promesas. Mientras las parejas prosiguen el baile de la vida, anoto colores y formas y figuras. Los días se tornan más cortos o más largos. Pero sólo algunos detalles me interesan. Sé que los hombres no están a la altura de sus sueños. Soy Edvard Munch.

José Kozer

JOSE KOZER

*Nació en Cuba en el año de 1940. Ha publicado los siguientes libros
de poesía:* Este judío de números y letras *(Premio "Julio Tovar",
1974);* Y así tomaron posesión en las ciudades *(1978);* La rueca
de los semblantes *(1980);* Jarrón de las abreviaturas *(1980); y*
Antología Breve *(1981). Ha publicado cuentos y ensayos en varias
revistas. Enseña español en Queens College desde 1965.*

Le cupo amar los gorriones.
Porque era un hombre abundante y detestable quiso
    creerse
        oscuro como si fuera un habitante de la ciudad de
        Viena
            condenado a inspeccionar
        el mundo desde los ventanales que Stalin concibió en
                                    el Kremlin.
Pero soñaba también con los cañaverales.
Vio un día que lapidaron la imagen de San Juan de Patmos
                        en los ojos rasgados del fuego.
Y se sintió circundado de palomas.
Vasto en exceso, conoció momentáneamente las des-
                        dichas de la ambigüedad.
Creyó verse asesinado entre matorrales por los gendarmes.
Por su falta de clarividencia conoció el futuro.
En la piedra de los holocaustos comprendió el significado.
Dejaba demasiadas circunstancias por terminar.
Nadie compadeció. Llamaban a los fiscales en la piedad.
Lo empezaron a buscar por Praga o en la incesante garúa
    de Lima
pero sólo desenterraban el veredicto que dejó en las biblio-
    tecas.
Nadie entre tantísimos documentos lo quiso consolar.

La capa de agua de la niña (parecía la miniatura de una
   zarina) color naranja.
Su larga
cabellera ocre se evapora en la brusca floración de los
   azafranes (arañas de luz) boca arriba
los sanguiñuelos.
La niña parpadea, un caracol la sorprende (un caracol)
   trepa y se multiplica
en su cabellera: cebada
y el dudoso zumbido de una luciérnaga en su cabellera. En
   la mano
(mano derecha en alto)
un ramo de asfódelos: y luz (la luz) de repente una
   insubordinación (inédita). Un tremedal el cutis
desvaído
de la niña (se sonroja) su corazón cargado (un hormi-
   guero) de pecas. Niña
bonita niña bonita
los transeúntes: la niña, delgaducha (aprieta) despótica-
   mente los asfódelos
entre las manos.

Julio

Abuela cuece un puchero de zanahorias y pastinacas,
    pronto
está la comida
con la sal en su punto y un trío de avionetas un trío
de caballitos de San Vicente
precisan
las coles en las marmitas (todas las puertas abiertas de par
    en par) un estatuto
el álamo
en luz el mediodía: las gavetas abiertas, alguien robó un
    refajo y un par de ajustadores, disfrazamos
la escoba
del patio (oscilaciones gualdas) hicimos un pacto con la
    escoba, que se recatara tras un viejo vestido des-
    lustrado
de poplín
y la subordinamos, era la donosura de una chiquita
    veinteañera y bruñida
de añiles
un domingo: qué chiquita la escoba que nos enseñó a
    bailar (meneaba la cadera) un desliz
un embrollo
de pies (olía a caldos ya) qué ocurrencia Mario que repen-
    tinamente como una insurrección
dio la vuelta
a la escoba (sus barbas boca arriba) y se abrió un oleaje
    de sayuelas, ropa
interior, mil
hurtos la sombra de los apetitos: vimos, éramos una trom-
    ba de pértigas y gotas blancas de vino
masculino, intangibles
avanzamos en columnas de a dos uncidos al brazo de la
    escoba: y la abuela nos oyó reír y sonrió, se asoma
y como estaba ciega

sus ojos de loa y pergamino no nos vieron lanzar telas
    empercudidas y sortijas por encima de la pared
    medianera
del patio: así
crecíamos los cuatro Mario Andrés Israel y José a su lado
    y al lado de Concha y Zoila que tenían una gaveta
    repleta de algas palpitantes, algas
blancas
de algodón prohibido un algodón impregnado de inmensas
    absoluciones: aquella tarde nos cogieron
con las manos en la masa
y nos regañaron así y así y así en trece lenguas inservibles
    y éramos
cuatro
muchachos inservibles hasta que abuela sacó las manos de
    la cocina y nos sirvió la sopa, espantó
a las muchachas.

Del país de las ocho islas

En el Registro de las Cosas Antiguas se narran por primera
    vez los acontecimientos históricos de su país a partir
    del año 712.
¿Y es que las huestes del Príncipe Karu no despedazaron a
    las mujeres del enemigo, con sus despojos
hicieron
crecer en los canteros reales y a siete tonos diferentes los
    manojillos del clavel de China, ofrenda
para la tumba
de los reos que cruzaron el espejismo de sus ojos? ¿Y es
    que no hubo
pestilencias
ni hambres en que la mujer encinta se desprendió de la
    entraña para sustento de los escuadrones que volvían
manchados
por la purulencia de una luna exangüe? ¿O es que hasta
    aquel año en que se inició el registro de las cosas
era
una Edad de Oro y el Príncipe Karu un hermoso mendi-
    cante
que hacía
de un asterisco un crisantemo (una cigüeña) de un crisan-
    temo y del ojo
un búcaro?

No lo titulo

Son días plácidos.
Pasó la epopeya de aquella enemistad, asuntos personales.
Hermanos: huelo a vodka a cebollas a cremas agrias aren-
        ques. Huelo
a sopas. Qué,
digan: no es culpa de nadie. Manjares: agüitas de frambue-
        sa media docena de coquitos un flan chino y
dos tragos
largos: vida, a tu salud a tu agravio y viva la gran
        efemérides 1848
y 1830: habíamos
fracasado. Aún queda tinta y queda mucho por borrar
        mucha vela y lienzo: mi mujer puso un guiso
para mañana
y yo no le quito a nadie su plato, rebaño. Bénédictine
tras
los postres y recordar (un rato) el trigo candeal en tie-
        rras castellanas: hijas
mías, arrimen
el hombro que son tiempos duros y las seis cero nueve
de la tarde: anoche
murió don Jaime I y el Conde Berenguer y en mis sueños
        se trastocó la novia de diadema y blanco
por
una mandarina: las aguas, familia, regresan a su cauce a su
        cauce
mis versos.

Tres
fresnos y una sombra: cascos (golpes golosos) cuatro
caminos
(encrucijada) un solo afluente: arrecia, no es probable
    que se alce viento (arrecie) ni que caigan
cuatro
gotas: en el henil la vaca que masticaba, concibió (conci-
    bieron) los reyes, un gran
puchero
de sopas conmemorativas en la mesa del viejo fraile
    cartujo (fusta) de Reyes, mudo
fuetazo
las norias a trallazos con la gente (misma gente) y el torno
    un mismo
cacharro
sepia y desportillado, cuántas veces la misma pepa que cae
    en las sementeras, cuántas
veces
la misma silla la mesa papel y lápiz la misma imaginación
    zarandeada
por bufones
y una mano que escarba aún (hurga) hacia el fondo y saca
    los mismos granos
comestibles
a ras (casi) de tierra lo mismo que una gallina: asiente y
    cierra algún mamotreto, tranca
ambas
contraventanas (mata) la luz y duerme, lo acosa (menos
    mal) un bostezo y grandes cronómetros
lo llaman
un buen rato a que desvaríe y surjan violas (surjan) de la
    silla al sueño de su camastro

bellísimas
potestades de color azul (enebros) frondosas llamaradas
    y al fondo del espectáculo
otro
gran desvariar de espectáculos (hermosas) jacas empena-
    chadas, trece
sombras (un fresno).

Pedro Lastra

Mester de perrería

Balada para una historia secreta

Noticias de Roque Dalton

Puentes levadizos

Ya hablaremos de nuestra juventud

PEDRO LASTRA

Nació en Chile en el año de 1932. Ha escrito un libro de poesía titulado Noticias del extranjero *(1982). Además, conocemos de él un libro sobre Enrique Lihn titulado* Conversaciones con Enrique Lihn *(1980), y un libro antológico titulado* Julio Cortázar *(1981). Sus artículos andan en muchas revistas latinoamericanas. Actualmente enseña literatura en Stony Brook, New York.*

Mester de perrería

Asiduo de mí mismo sobrevivo
encerrado con llave y cerradura,
negando como Pedro la figura
que más me abruma cuando más la esquivo.

Busco sobrellevarla y hasta escribo
la agilidad del agua que me apura
la vida como el mar (la matadura
de la luna y del sol al rojo vivo).

Escribo los ladridos a la luna
y al mar y al sol y a otros elementos,
o exalto el modo de las perrerías

con que la noche me ha embarcado en una
palabrera piragua de lamentos
por ella y mis trabajos y mis días.

Balada para una historia secreta

Miras por la ventana un paisaje de invierno
y la maligna lluvia te destruye
porque eres la ausencia.

Estabas y no eras,
hablabas y el silencio:
nunca eres más bella que cuando sé que eres
la que no está conmigo.
No encuentro en la memoria
un nombre que te deje a mi lado, un instante,
un nombre que me salve de verte así, creada
por la palabra ausencia.

Y por eso la lluvia, y por eso el silencio
y la fuga que eres, y el vacío y el vértigo
que eres
cuando la ausencia toma tu figura.

Noticias de Roque Dalton

A Rigas Kappatos

Yo digo Roque, Roque,
y empieza esta función como en un cine continuado:
en el cuarto oscuro de la memoria
Roque va revelándose a sí mismo,
se despliega en una larga cinta,
cambia de traje, cambia
de maquillaje (yo creo que no lo necesita).
Roque actúa para sus amigos
en los numerosos teatros de los recuerdos que los
    constituyen
y en los que Roque se establece
en un escenario giratorio:
a cada cual su escena, su diálogo con Roque.
Y esto puede ocurrir en Santiago de Chile,
año cincuenta y nueve por ejemplo:
un recital con jóvenes poetas.
Yo aparezco por ahí, en un rincón
mirando en dirección a Roque.
Y luego será en Praga, la visita
al Cementerio Judío. Roque un guía
posesionado de su papel, que descifra
esas enmarañadas inscripciones y lee
para su amigo viajero,
de paso en la ciudad, lo que le dicta
la inspiración del momento.
Aquí Roque improvisa, esto es obvio,
como lo hará más tarde en la Sinagoga
traduciendo un minucioso informe sobre el Golem
y el Gran Rabino Löew:
—Esta vaina no la entendí muy bien.
—¿Cómo dice, cómo dice, qué es eso de la vaina?,

y la mujer te mira seriamente.
—Nada, nada, que me interesa mucho lo que hacía el
  Rabino.
Y era cierto que te interesaba,
pero cómo ibas a decirlo de otro modo,
Roque de Centroamérica.
Y entonces una escena en movimiento, en un bus
por la avenida Providencia abajo,
año setenta y dos,
con algunos papeles en la mano.
Y ese bus sigue y sigue, y se detiene
a la entrada de la Sinagoga.
Desde ahí nos desplazamos hacia el Cementerio Judío.

Yo trato de leer lo que leíamos,
ahora ya sin Roque y por lo mismo
sin entender absolutamente nada.

Puentes levadizos

¿Quién es este monarca sin cetro ni corona
extraviado en el centro de su palacio?
Los inocentes pajes no están más
(ahora cada uno combate por un reino
sin dueño todavía). Las damas de la corte
preparan el exilio.
¿De quién pues esta mano
inhábil, estos ojos que sólo ven fronteras
indecisas o el viento
que dispersa los restos del banquete?
Llegué tarde, no tengo
nada que hacer aquí,
no he reconocido los puentes levadizos
y ése que se tendía
no era el que yo buscaba.
Me expulsarán los últimos centinelas despiertos
aún en las almenas: también ellos preguntan
quién soy, cuál es mi reino.

Ya hablaremos de nuestra juventud

Ya hablaremos de nuestra juventud,
ya hablaremos después, muertos o vivos
con tanto tiempo encima,
con años fantasmales que no fueron los nuestros
y días que vinieron del mar y regresaron
a su profunda permanencia.

Ya hablaremos de nuestra juventud
casi olvidándola,
confundiendo las noches y sus nombres,
lo que nos fue quitado, la presencia
de una turbia batalla con los sueños.

Hablaremos sentados en los parques
como veinte años antes, como treinta años antes,
indignados del mundo,
sin recordar palabra, quiénes fuimos,
dónde creció el amor,
en qué vagas ciudades habitamos.

Jaime Manrique

El espantapájaros

JAIME MANRIQUE

Nació en Colombia en el año de 1949. Los adoradores de la luna *le ganó El Premio Nacional de poesía en 1975. Ha publicado dos libros de ensayos titulados* Confesiones de un crítico amateur *(1979) y* Crítica de cine *(1979). Además, ha escrito dos novelas,* El cadáver de papá *(1978) y una reciente novela* Colombian Gold *(1983). Tiene un libro de poemas inédito titulado* Las puertas de la muerte.

El espantapájaros

Para mi hermana,
quien me sugirió la idea

Después de muchos meses, hoy me despierto
al dulzor de los naranjos. Las flores blancas
estarán cargando las ramas y durante las próximas
        semanas
hasta que la flor se convierta en fruto
las abejas zumbarán incesantes desde el alba
hasta que el sol se oculte.
Ha llegado la hora de poner fin a mi sueño.
Estos últimos días he escuchado al granjero
arriar sus caballos, labrar la tierra, preparar los surcos
que recojan y protejan las semillas.
Por las noches, aunque aquí donde estoy no pueda verla,
la luz de la sala familiar se apagará con los primeros grillos
y volverá a encenderse con las trompetas de los gallos.
Será mañana cuando el granjero con su esposa y sus hijos
entren aquí buscándome; entrarán riéndose
y murmurando como todos los años. Ya no recuerdo los
        rostros
de los niños. La niña, en esta primavera casi mujer,
con sus senos como dos melones en mayo,
querrá remendarme y ponerme un traje nuevo
como si yo fuera la muñeca con la cual ha jugado
el pasado invierno, pero su padre se opondrá,
pues ser feo y espantador es mi destino.
Sin embargo, en este desván donde siempre me sorprende
        la nueva vida,
habrá que reparar las averías hechas por los roedores,
por el rigor de los años, que pasan aún sobre mí— el
        espantapájaros.
Yo siempre espero ansiosamente este momento,
las torrenciales lluvias de marzo,

la luz que cada día es más larga en este cuarto,
el canto de los pájaros que regresan
(cómo ven pasar a las alondras los pájaros enjaulados!),
el dulzor de los naranjos en flor
y el verdor de los cerezos incipientes ahora, todavía
    amargos.
Hoy, al despertarme de nuevo,
cuando pienso en los meses que habrán de llegar y pasar
en el lento proceso de todas las cosas mortales,
siento un leve estremecimiento, como siento el agua
    correr
en el arroyo al lado de la casa, profunda en su cauce
    oscuro,
arrastrando consigo caracoles y desperdicios
porque aun nosotros los espantapájaros tenemos un
    corazón
y nos preguntamos hacia dónde fluyen los ríos.

***

Los relámpagos como rayos de plata
han estado esclareciendo la noche,
y por primera vez en esta vejez de años de verano
he sentido miedo y un leve escalofrío recorrerme,
como la lluvia que se desliza por mi rostro, mejillas abajo.
¿Quién podría comprender el llanto de un espantapájaros?
Desde hace dos meses estoy aquí colgado.
Sin poder mover el cuello, condenado a ver el mismo
    horizonte,
sintiendo la brisa del verano despojarme de una brizna,
y las leves tempestades luchar sin poder arrebatarme mi
    sombrero—
sin él ya no me parecería al granjero
y quizá los pájaros olvidaran esta batalla inútil de años
y se acercaran lo suficiente para abanicarme con sus alas.
No que ellos me teman; no que me tengan miedo.

El miedo sólo lo conoce aquel que se estaciona, el que no
    vuela.
Yo los he visto acercarse mes tras mes
buscando las semillas y los gusanos en abril,
atacando las tiernas hojas en mayo,
esperando la flor, hasta que en junio el fruto crezca
y en agosto la vid sea como una ofrenda a la mano,
una invitación para calmar la sed voraz del verano.
Aun así, esta vida de inclemencias,
de humillación constante, es preferible al desván oscuro,
al olvido entre los trastos, los trapos raídos.
Colgar aquí es preferible
a no poder ver el sol, ni la orgullosa luna, ni los astros.
Aquí oigo al menos los cantos de las aves,
escucho sus venturas y sus cuitas
entre el susurro de los árboles.
Oyéndolos hablar puedo imaginarme el mar,
pues año tras año he visto las blancas y flemáticas aves
    marinas
desdeñar los frutos de la tierra. Ellas son criaturas
    encantadas
por las aguas, y ellas surcan los cielos.
Oh! que yo pudiera ser una sirena y no un sirviente en una
    estaca...
Que yo pudiera buscar las estaciones y no ser prisionero
    de ellas...
Cuando el calor de esta estación sea una bendición
al lado del océano, yo estaré vigilando los frutos
que tan sólo puedo oler, pues no soy más que un esclavo
    de los hombres.

***

Es julio ahora y mis ojos se han cansado de tanto verdor,
del color rojizo de la tierra. Ha empezado a arreciar el calor
y las lluvias son escasas pero torrenciales.
Las frutas madurarán un poco más tarde,
los rojos de las cerezas, el amarillo de los duraznos, el

morado de las ciruelas—
y yo siento la necesidad de alguien o de algo, algo más que
    el contacto
del granjero arreglándome, que el graznido de los pájaros,
que las caricias de los elementos.
Sí, también pienso en los viajantes que cruzan los
    caminos,
en sus destinos similares al mío,
y quisiera hablar sus idiomas, decirles adiós, darles voces
    de aliento.

      ***

A finales de agosto empieza la vendimia.
En septiembre se desatan las lluvias
y cada día, los árboles y la tierra, despojados,
se van quedando como yo— más solos.
Pronto los pájaros comenzarán a emigrar de nuevo,
sus estómagos repletos del rojo de las frutas,
como si llevaran en sus entrañas un cargamento de
    líquidos rubíes.
Llegará un día en el cual yo presida de nuevo este campo
    vacío
y no haya nada que cuidar, ni nadie a quien aterrorizar
con mi desparpajo. Hacia el final de septiembre las noches
serán cada vez más claras y más transparentes,
los cambios de la luna ya no serán tan urgentes
y yo seguiré colgando aquí, hasta que el último fruto
haya sido recogido. Entonces, una mañana, o
    preferiblemente un atardecer,
antes de dar por terminadas las labores del día,
el granjero, como si yo fuera un oso dócil en el zoológico,
me llevará a mi cueva y me colocará en la cama.
Pasarán días en los cuales me quede despierto,
mis ojos muy abiertos en la noche, viendo las ratas
masticar mis entrañas, las cucarachas penetrar mi cerebro.
Luego vendrá el cansancio; el silencio.
Y empezaré a soñar con la próxima primavera,

con las lluvias frías, y el día en el cual me levanten de mis
    ruinas
y me coloquen en mi estaca y yo pueda saludar al
    espantapájaros
que millas más allá, en la granja de enfrente,
también se despierta.
A principios de octubre las noches darán sus cosechas de
    estrellas.
Y en noviembre llegará la muerte
y yo seré su huésped.

Graciany Miranda Archilla

Lunón en Marahatta

Poema-10

Poema-12

Dolor que zumba en los oídos

GRACIANY MIRANDA ARCHILLA

Nació en Puerto Rico en el año de 1908. Ha publicado los siguientes libros de poesía: Cadena de Ensueños *(1926)*, Responsos a mis poemas náufragos *(1930)*, Sí de mi tierra *(1936)*, El oro en la espiga *(1942)*, Himno a la caballa *(1971)* y Ash-November y Matria *(1978). Además, posee los siguientes ensayos inéditos:* Ensayos de sangre y Clamores antillanos. *Dirigió la revista* Surco *y el periódico de combate* Juan Caliente. *Su ensayo* Canto a la lengua castellana *fue premiado por el Ateneo de Buenos Aires en el año de 1937.*

Lunón en Marahatta

Salía del cementerio del Atlántico
aquella calavera
mostrando, entre arrugas de sol, casi negras,
los gusanos con alas que abandonan el mundo,
siempre en hambre y en guerra.
No vi al hombre de la luna inventado por los tontos
sino quijadas apretadas de continentes blancos,
productos, en tiempos ya caídos de las ramas,
de los bombardeos atómicos.
En aquel tiempo la radioactividad devoró el oxígeno
y los montes cayeron desmayados,
se evaporaron las fuentes y los ríos
y quedó un esqueleto, en forma de cáscara de huevo,
advertencia perenne a los hombres antropófagos.

Esta bolsa de gusanos parece más carcomida y tétrica
cuando abandona el cementerio del Atlántico
y asusta gatos más mimados que niños en los cementerios
verticales de Marahatta.
¡Jamás contemplé más gusanos juntos!
Todos arrastrando migas de luz prestada,
bamboleándose con las bocas llenas de ceniza
y los dientes de espadas amoladas
acorralando la mosca negra, zumbante de la noche.

La vi bogar por el Hudson
y las aguas se morían de miedo;
y el brazo de mar temblaba, ¡el mar! tan comedor de ca-
	dáveres,
tan ladrón de barcos, tan bañador de ciudades,
tan tiburón y tan águila,
tan guitarra y tan de cementerio!
Temblaba el malo como tiemblan los malos perseguidos.
Temblaba porque la calavera de la luna
devoraba sus algas y sus islas,

sus abismos y continentes, dando saltos de nieve,
chillando en los espejos
y aullando en los caminos
y mordisqueando las paredes
con la leche que sirve la cabra seca de los muertos.

Cerrad todas las puertas! Cerrad todas las puertas!
Cerrad todos los puentes! Cerrad todos los puentes!
Esconded a los niños bajo las alas de los pájaros!
Decid a las doncellas que no se levanten las faldas!
Y a las viejas borrachas que se cuelgen de sus rosarios!
Y a los viejos verdes que se ajusten bien las mascaduras
    postizas!
Y a las yeguas jóvenes que no levanten al cielo sus colas
vírgenes y húmedas, pidiendo largos falos!
Y a las cruces que bajen al clamor amoroso
de sus cansados brazos!
Y a los perros que salgan todos aullando
a espantar esta calavera de la luna,
a destruir a dentelladas las verijas de oro de la luna,
para que no vuelva a poner sus huevos de gusanos
en las mesas, ni en los ojos de los vasos con agua,
ni en las alcobas donde las manos buscan una grieta con
    lengua;
para que no vuelva a este mundo
en que ya sobra la presencia de la muerte
creada por los matemáticos y el oro escupido por las
    culebras!
Perros! Vengan los perros de cuatro patas,
los perros de dos patas,
todos los perros!

Cerrad las puertas! Cerrad todas las puertas!
Cerrad los puentes! Cerrad todos los puentes!
Soltad los perros bravos!
Decid a las doncellas que no levanten sus faldas esta
    noche!
Esconded a los niños bajo las alas de los pájaros!

Poema-10

Escucho por lo bajo sol que diluye mantones relincho
casi palabra casi olo
como si preguntaras numen por los orfidas
musagetas portaliras liróforos hosíadas apolonidas
niños poetas paraulatas
que incendiaron troyas cabalgando tus lomos
descendieron al hades remando con los carontes
prendieron fiebres a los faustos mefistos margaritas
descubrieron eses en los cuellos de los cisnes
tronaron contra los sátrapas
comieron hambres tomaron sedes
marcaron rumbo al hombre a todos los pueblos
escudando libertades justicias amores semidioses
profetas
inventores d palabras descifradores
d jeroglíficos obreros d la luz sed mineros
d todos los misterios tus poetas
donde ruiseñores golondrinas mirlan alondran
fuertan arbolan arboledan alan maran orillan espuman
velamenan liran violinan flautan piafan castañuelean
clarinan
cómo gondolan rosan clavelan clavellinan yagruman
españan antillanan borincanan
mientras milagran rosales soplan brasas divinizan
locuras los poetas

Casi todos hoy resbalan por las tangentes
escápanse hacia las metafísicas las nébulas
d espaldas a las heridas huracanes
llagas quejumbres
dolor que roe pobrezas harapa vidas
mutila corazones
poetas
que desviven en úbedas villadiegos nadedades

sin detenerse ante las vértebras cánceres
úlceras
muertes servidas por cánones
manos quebradas por las máquinas cataratas
d pobres mendigos huérfanos viudas
descalzos descamisados
crucificados
explotados
mis príncipes d los callos mis reyes de la albercas
mis monarcas d las llantinas
mis emperadores d las luciérnagas
Numen cierra todas las tangentes cocea todas las úbedas
prohibe el tránsito del verso hacia los villadiegos
regresen los pastores del hombre
desvanézcanse las nébulas tenga el canto
carne hueso sangre ala
carne tuya hueso tuyo sangre tuya ala tuya
derramen ellos ungüentos sobre las heridas
llagas quejumbres
duelos tragedias
siembren rosales en las manos
lleven a cuesta la mañana vacíen en sus vasos orientes
accidentes sures nortes
curen sarmientos hilvanen arteris
socorran con sus mieles hambrientos sedientos
desplumen ángeles para hacer sandalias d plumas
viertan soles a cántaros luceros a cántaros
en los arrabales eviten crucifixiones
escuden explotados con sus liras sus pífanos sus auroras
sean redentores antorchas incendios truenos vorágines
martillen sombrillas d hongos
envuelvan en pañales la vida aunque platones destierren
mueran d sed d amor sus camellas
deliren en lecho d brasas sus bribones
traspáseles la burla con sus puñales
sírvanseles azotes hambres sedes

cobíjenseles con zarzales pajares d olvido
calcanares sangren azucenos desangren rimos coagulen
borren espumos nombres
tempestades martillen corazones crisálidas

Poema-12

Hipocrénico auroro espumo
zumbe crines salpicadas d abejas colo
bautizada por orquestas florestas cascos
semejantes a las campanas destelle pupilas
como reverberaban candelarios sude astro relinche
como relincharon los ríos en todos los prólogos
al brotar cuando eran vírgenes pulso tierra existencia
destilaban miel leche rocío canutos pedruscos
fermente júbilos enhorabuene las heridas tinaje cicatrices

pomarrosale mundos maripose plegarias
hipocrénido alumbre deslumbre encumbre
desvanezca desierto quejumbre
hipocrénido verdore verdere verdezca eperance arbolede
frute luz madrenuestre padrenuestre
boricane montane clarine manantiale arroyuele
despenumbre nidale
dé coz a la ponzoña
dé coz a la escoria dé coz a las cadenas
dé coz a los tiranos
rescate apolonidas abra cauce al mañana
rumore enredadere yedre laurele lave coágulos
calme sed con este himno
rabia d lumbre trago d agonía transforme himno
sea por su gracia el himno
buche d eternidad brindis para palomas

Dolor que zumba en los oídos

Zumba que zumba en los oídos el gran dolor sagrado
que mi madre sintiera cuando era más muchacha
y tenía la sonrisa pulposa y radiante
como granada.
Zumba que zumba en los oídos el gran dolor sagrado
que a mi madre mordiera en plena entraña
cuando, presto a salir yo d su abismo,
envuelto en truenos me agitaba
rollizo, como pan al salir del horno
con el color d las brasas.
Zumba que zumba en los oídos el gran dolor sagrado
desgarrador igual que garra
que le exprimía en los ojos verdes
la miel salada d las lágrimas,
desnudándole gritos
que repercutían como una procesión de campanas.
Zumba que zumba
aquel dolor que a mi madre anegara
en sangre d arcoiris,
amapoleándole la frente pura y pálida
y abrasándola toda, desde la cabellera d oro
hasta el pareado apolíneo d sus plantas.
Sangre que me servía d alfombra
para que al llegar a la vida pisara.
Zumba que zumba en los oídos aquel dolor sagrado
que el torso más le redondeara,
repletándole cauces, irguiéndole el corpiño
con copas marmóreas y altas,
y lastimándole fuentes
para que leche con Dios se mezclara
y brotase en mis labios presencia d lo hondo—
sangre, Dios y palabra.

Zumba que zumba
aquella floración d llamas
y la primera voz d su dolor nacida
cuando a sus pies sangrante se mostraba
el hijo que poeta brotaría d sus lomos,
el poeta que crease la nueva palabra:
aquella voz rota en cristales
zumba, regia y amarga,
aturdiéndome los oídos, sacudiéndome los cimientos
con su clamor d muchas aguas.
Y mientras en la noche zumba que zumba ese recuerdo
y los ojos d mi madre me alumbran como esmeraldas
la senda que recorro, lejos del gran dolor sagrado
que ella sintiera en plena entraña,
sigo pensando que aún perdura en mis manos
el color d las brasas
y que voy por la vida pisando eternidades,
amarrado a su sombra por gruesas llamaradas...

Leandro Morales

Empeoro con mi sexo

Konstantino Kavafis

Desprendo las cortinas

Coplas para la muerte de mi madre

Antonin Artaud

LEANDRO MORALES

Nació en la República Dominicana en el año de 1957. Tiene un libro inédito titulado El Suicidio es una fiesta. *Trabaja un pequeño libro de ensayos sobre los poetas Martín Adán, Leopoldo María Panero e Iván Silén.*

Empeoro con mi sexo

a Leopoldo Ma. Panero.

Empeoro con mi sexo. Entre ver y sentir, verlo:
se va llenando de una nata violeta la ñema.
Bastaría conocer el mito de mi cuerpo; verlo
desnudo con enormes pelos que pesan entre las piernas;
aferrado a un asiento, mudo, con una risa: la que temía.

Un rostro pequeño en la saliva que crece como un beso
vacío, más vacío, sin encías ni lengua, sin dientes ni
labios, ni nada. Mi saliva es mi saliva que crece cuando
duermo porque cree que estoy muerto.

Ampliaré mi muerte: no dormiré en toda la noche.

—...las ventanas del vecindario se fueron apagando.
Yo me mecía, rescataba o perdía mi cuerpo. (...el
niño catatónico se mecía desde que cayó la tarde;
esperando al enemigo se mecía, anterior a las fotos
y el agua:—) ...no dormiré en toda la noche.

Adentro está el miedo cubriéndolo todo: teme dormirse.
—Temo dormirme y que las moscas empeoren mi cuerpo.

Konstantino Kavafis

> "La vida que aquí perdiste la per-
> diste en toda la tierra."
> *Konstantino Kavafis*

Konstantino Kavafis
la vaselina es cálida como el rostro de Edipo.
No tienes que recordarme. No tienes que mentir.
¿Recuerdas? Hace tan sólo unas horas te conocí
en un suburbio de Alejandría. Es posible.

Eres un estudiante, hijo de hebreos, de los elegidos
a pesar de la objeción de los dioses. Sólo eso sé
de ti.
        Me desvistes de prisa. Así son los jóvenes.
¡Más a prisa que envejez/sco al igual que con mis
otros amores o llega el cuerpo diferente al tiempo!

¿Recuerdas? Tus manos temblorosas que me viran. Así
son los jóvenes. Las cortinas ondulan en la ventana.
Ahora soy de los tuyos. Ser poeta es lo único que
le he hecho a mi pueblo. Son sus consejeros que me odian.
Perdona que te interrumpa con estas cosas.
                                El tiempo
ha pasado desde aquella tarde en la taberna. Así
son los jóvenes: sus manos temblorosas, tu audaz perfume
en las tetillas.   Me arrastras:
ya no cabe el esperma por dentro.

Desprendo las cortinas

Desprendo las cortinas: la cara en el piso un sueño antes. Golpeo el humo de la mierda: el cuerpo en el piso un recuerdo antes. La muerte no basta, la vida no basta, no alcanza ni en las puertas ni en las calles para ver el exilio fijado a los días.

> Busco un lugar para levantarme
> Quedarme en el rostro sin mentir
> Dormir sin tocar a nadie.

Sólo es real quien dice adiós, inventa su objeto parcial en tampones o se pinta de mujer más la carne, menos las manos. Quien me conoce sabe que no sabe nada de mí (eso no quiere decir que estoy perdido. Perdida está la radio que no deja de decirnos que el día sigue; no tienen habla, son Ello).

> ...adiós con cada cuerpo que juraba quedarse:
> nada volverá a empezar donde te despiertes.

Se desprende el piso: no puedo colgar más, ver el mar sin verme. Todo volverá a empezar después de toda la memoria. No puedo ver la arena sin verme. Fue una ilusión, un sueño; era una soga mal hecha, una sábana de colores vivos como una cortina que desprendieran.

Coplas para la muerte de mi madre

*"Morir es dejar todo sin
solución..."*
Gottfried Benn

Esta espera es desigual entre yo y la ausencia.
Después maldijo en la casa.
Sería desigual entre la muerte, entre yo y la muerte,
si vuelven tus pelos sobre la tierra.
Tanto polvo, maldijo, tanta suciedad tan de repente
sobre los muebles. De repente la humedad de
las paredes. Cristal de la silla; ¡No! La muerte es
desigual si no acaban los símbolos. No debes esperarme;
no debo esperarte. Cualquier espera es desigual.
Tu grasa es desigual a los gusanos. ¿Qué más es probable?
:la muerte no es la ausencia. Mis manos están frías.
He llorado tanto...Estoy en medio de algún lugar; ahora
maldigo y los que pasan se detienen a escucharme: relojes,
autos, esta plaza, mercancías, niños, industrias, mujeres,
hombres, Madres muertas, saben que no miento (muchos
consien-
ten mis gritos), factorías, obreros, anuncios comerciales,
votos,
este hospital o esta casa donde estoy; donde están ustedes:
¡Quiero salir! ¡Salir por un momento de la historia! Des-
cansar
un momento de tanta historia de siempre, decir: ¡Ya!
¡Ya!...
Sabemos que nada más es probable. Sólo más sombras de
aquí en
adelante. Ni la lógica ni el absurdo. Nada basta...y ahora
esta muerte develada en medio de todo. Quiero
salir; salir aún desigual; como espero: con pujos abiertos,
clavado entre el cuerpo y la garganta.

Antonin Artaud

*"...aunque los poetas se vendan
y canten a los electroshock."*
Iván Silén
(Teseo o el minotauro)

*"(El electroshock, corriente al-
terna de 90 a 110 voltios que
produce una breve inconciencia.)"*
Octavio Armand
(Cosas Pasan)

Antonin Artaud
Por un instante quiso contar su sueño: dos seres unifor-
mados pasan un golpe y lo despiertan. Quiso morir un día
y el día murió primero. No puede distinguir la electrici-
dad: ¡se zafa y cruza corriendo la luz! No puede distinguir
las sillas, los sombreros; no puede distinguir las camisas.
No se puede estar en todas las palabras. No puedo vivir el
mismo día que el pensamiento. "Ya tendrás tiempo para
contar tus sueños". —Si aún pudiera decir que estoy—:

"Antonin, señor Antonin Artaud, aquí está su
báculo"—dicen sin poder aguantar la risa. "El muy
cómico escribe para decir que no puede escribir". Se oyen
de nuevo las carcajadas.

"Señor Antonin Artaud, aquí está su pensamiento". El les cree y se levanta: figuras uniformadas de
parientes muertos.

—No puedo estar en todas las palabras a la vez, con toda
la sarna y canas de mi organismo. ¡Por esas figuras entra
luz! Lo empujan: detrás de un escritorio, en una gran sala,
la voz que dio la orden le pregunta: "¿Qué soñaste?"

Jorge Oliva

El cuervo

Tres poemas de la soledad en Columbia
University

Tiempo del cuerpo

Positivamente 129 Perry Street

Central Park 5:00 p.m. Close Encounter of
a Second Kind (Physical Evidence)

JORGE OLIVA

Nació en Cuba en el año de 1949. Ha publicado los siguientes libros de poemas: Tierra Firme *(premio "Aracelio Iglesias", 1972);* Animal en la ventana *(premio del Centro Cultural Cubano de Nueva York, 1977); y* Donde una llama nunca se apaga *(premio de los Cuadernos del Cabello Verde, 1980). Trabaja en dos libros de crítica:* Poesía Cubana, 1959-1979 *(tesis doctoral); y* Al margen del discurso poético: parámetro de lectura de los Artefactos de Parra. *Trabaja en un nuevo poemario titulado* Nica Paraíso y el tiempo roto.

El cuervo

Nicanor revisa la prensa
y luego escribe la sentencia: un antipoema terrible.

Cardenal hurga en las viejas fotos
y luego nos convoca a la melancolía con un tierno
poema coloquial.

Pero él no hace sino tirar el *Times* al cesto
(al carajo con tanta violencia, tanto desencuentro).
pero él no hace sino cerrar el álbum de fotos
donde envejecen los rostros sonrientes de la familia,
los amigos de la infancia en algún lugar de esa Isla
implacable y hermosa,
y se asoma a la ventana,
a la extrañeza de la noche de Manhattan,
y vuelve a la mesa y da un golpe entre sus libros
y mira ansioso el teléfono,
pero el poema no sucede.

Abre la puerta, pero nada,
nadie,
no hay pájaro de fuego,
ni siquiera un triste cuervo.
Nadie vendrá.
Nada podrá salvarlo de esta noche,
del orden perfecto de estas paredes,
                                        del horror
de la página en blanco.

Tres poemas de la soledad en Columbia University (fragmento)

Para Federico, In Memoriam.

Uno

Fábula del náufrago que se convirtió en hormiga

Cuenta que se hundía
en la alta noche de Manhattan,
que lo mordía
la más feroz nostalgia,
la soledad mayor,
que se echó desvelado en el sofá,
abrió al azar un manual de astronomía
y leyó:

"...la estrella NP-532, una de las más pequeñas de la Constelación Cangrejo, genera mil quinientas veces la energía de todas las instalaciones terrestres..."

Dos

Guardar este día

Vamos a guardar este día
entre las horas...
J. Sabines

Hoy es siempre todavía.
A. Machado

Así que te vas.
Todavía no llegas, todavía
no aprendo el sabor de tu cuerpo, ese áspero olor
de animal sin dueño o la manera que tienes de inclinar
la cabeza,

Tres

Donde una llama nunca se apaga

Ya no pueden
ser denunciados
ni prisioneros
ni torturados en la ergástula siniestra.
No tienen
que morderse la rabia
y abandonar
súbitamente las ciudades
y correr
hacia las abiertas montañas.
Ahora
son libres para siempre
y nos hablan en voz alta.
Una voz tan alta,
    tan clara
que ningún juez
se atreverá a condenar...
   (¿En qué frente,
qué garganta, en qué gesto de nosotros
están vivos ahora y siempre
nuestros muertos?)

Tiempo del cuerpo

Para G. Barry

y dame en tu memoria el lugar
que tenía...
Luis Suardiaz

El tiempo del amor es el tiempo
del cuerpo...
Octavio Paz

Serás más que tu propio cuerpo.

Más que esas piernas ágiles
y que la azul tristeza de esos ojos
y que el torso inclinado donde me pierdo
        y ya no me reconozco
y que la lengua rápida y la boca húmeda
donde me ahogo cada noche irremediablemente;
serás el valle de Kinsale,
y una piedra,
        un árbol,
           una nube
y todas las colinas, sí, y atravesaré tus oscuros bosques
que descienden
        súbitamente
          al mar
Dame, pues, los días de tu infancia
y el río que lamió tu cuerpo desnudo
        en la tarde breve del brevísimo verano
y las playas desiertas de octubre donde corriste
        a encontrarte con la soledad primera; dame
esos brumosos puertos donde nunca estuve
y el poblado antiguo
y el ladrido de tu perro
y tus pasos retumbando en la alta noche de Irlanda.

La perra melancolía que te chorrea por los ojos; todavía
no descubro tus rincones más secretos,
no se abre definitivamente esa puerta
donde sospecho un sol terrible que va a deslumbrarme
para siempre; todavía
no salgo del tremendo estupor de compartir contigo estos
días
        y ya tienes que partir. Dices.
Tienes que.
Ya te vas.

        Entonces ¿qué podemos ahora sino caminar
bajo los árboles del Riverside Park, devorarnos juntos
esta tarde lenta en que el verano se acaba, todo el verde
amarillento de las hojas, el temblor de los árboles que
    sospechan
ya el cercano otoño, toda esta luz tremenda de agosto?

       Construyamos ahora las memorias,
los frágiles castillos de arena que nos acompañarán luego
en los domingos desolados de noviembre.
Ven,
    corramos ahora hacia el Hudson
para no olvidar nunca cómo se estrella el sol
contra los techos de New Jersey
                —cuando estábamos
   juntos...
Pongamos atención a cada detalle, por favor,
que esta tarde va a salvarse del desastre para siempre:

Hoy *será* siempre todavía.

Fe de Erratas

Por un lamentable accidente de imprenta, causado por un error de enumeración de negativos, tres poemas del distinguido poeta cubano Jorge Oliva quedaron mutilados en esta antología. Los editores deseamos transmitir al poeta nuestras apologías por dichos errores, y al público lector por la inconveniencia.

Poema/Página	Guía al lector
"Guardar este día" Página 207	Después de leer la página 207, el lector debe pasar a la página 210 en donde termina el poema.
"Tiempo del cuerpo" Página 209	Después de leer la página 209, el lector debe pasar a la segunda estrofa de la página 212 ("Dame ese domingo... a ser contigo.") en donde termina el poema.
"Positivamente 129 Perry Street" Página 211	Después de leer la página 211, el lector debe pasar directamente a la página siguiente (212). El poema termina al final de la primera estrofa ("Otra vez...escribirá el poema.").

Positivamente 129 Perry Street

...cómo me haces hablar en el silencio...
Silvio Rodríguez

Si te encuentra, sospecha que encontrará árboles,
      cientos de árboles, bandadas de chiquillos y
      globos
      de colores ascendiendo en el limpio azul
      de la tarde y voces, todas las voces del mundo
      en tus ojos;
sabrá que hay un sol increíble este otoño y montañas
    azules
      y temblorosos campos de fresas y una suave y
cálida
      brisa y mariposas amarillas y fabulosos
animales,
      sagradas bestias paciendo a la orilla
      de la tarde;
encontrará ríos, largos ríos sin retorno y rumorosos
      pinares, repentinas playas y todo el océano
    Atlántico
      resonando aquí mismo en el pleno corazón
      de la ciudad.
Pero nada encuentra.
Y la tarde comienza a morirse en las calles del Village
      y alguien abre una ventana y de algún lado
      escapa
      la melodía, ah música gloriosa si tan sólo
      aparecieras.
Pero nada sucede.
Y regresa a la soledad del cuarto y no hay razón para
      encender las lámparas y comienza a reinventar-
      te

otra vez mientras la luz de octubre agoniza
en la ventana, este animal sombrío y enfermo
de melancolías,
este animal que asume otra noche más y la certeza de que
escribirá el poema.

Dame ese domingo interminable junto al fuego
mientras llueve afuera un agua helada
sobre el mundo entero.
Dame ese fuego
—todas las imágenes—
y un lugar en tu memoria
para que todo comience a ser contigo.

Central Park 5:00 p.m. Close Encounter of a Second Kind (Physical Evidence)

Ah, que tú escapes ahora...
Lezama Lima

No deseas
no esperas
nada nadie
ni siquiera sospechas
Pero de pronto LO IMPREVISTO
sucede UN ANGEL la insolencia mayor
ANIMAL más hermoso que dios
desciende en su bicicleta azul
¡TRAGAME TIERRA! De pronto
SE ROMPE EL EQUILIBRIO de la tarde
se desbaratan tus planes
la indiferencia que te salva de los otros
De pronto SE JODE el parque
y ya NO HAY DOMINGO ni globos ni parejas
paciendo a la orilla de la tarde
ni muchachos golpeando guitarras
niños revolcándose en la yerba
no hay sosiego no hay orden previsible
porque SOLO SUCEDE el pozo oscuro TUS OJOS
donde ME ESTOY HUNDIENDO irremediablemente
¿QUIEN ERES TU?
¿QUIEN TE ENVIA?
DIME.
Ah TU me destruyes me deformas hasta la fealdad
Ya no reconozco mi cuerpo
YA NO SOY YO
Quién eres ah pero ESPERA
dime al menos TU NOMBRE
para que de alguna manera TE QUEDES...

Ah, que tú escapes ahora...

PEDRO PIETRI

Nació en Puerto Rico en el año de 1944. Ha publicado Puerto Rican Obituary *(1973), traducido al español bajo el título de* Obituario puertorriqueño *(1977) por el crítico Alfredo Matilla. Escribió también el poemario* Uptown Train *(1975). Recientemente acaba de publicar su cuento titulado* "Lost in the Museum of Natural History". *El es de próxima publicación poemario* Traffic Violation.

1st Untitled Poem

Looking for something I had lost
I came across a flawless blank page
That impressed me to the point
Of where I found myself losing sleep
Over this original piece of paper
That explains nothing whatsoever

I instructed myself to write a poem
On this magnificent blank page
That has occupied every single second
I find myself in deep concentration
When the world outside my head stops
To answer questions I ask in my sleep

I know that writing this poem
will be extremely complicated for me
Regardless of my traffic violations
Due to the facts of the temptation
To protect this perfect statement
Whose authenticity I'll testify for

I have an important decision to make
That will change my life around
I know it will be very unwise of me
To lose sleep over writing this poem
when the correct thing for me to do
Is to lose sleep keeping the page blank

An Afternoon that Walks Backwards

a mother's heart has been broken
her children perished in mid-air
while she sat under a hair dryer
to look her best for the next time
she has nothing important to do

As the woman is about to faint
in the arms of no one in particular
a total stranger dressed in black
And the funeral is called off
because dead children are better
than having no children at all

on the other side of her animated
grocery list she writes down that
today is a nice day to water plants
under umbrellas of unfamiliar places

Good Smoke

And the blind will see
And the crippled will walk
And the deaf will hear
And the dumb will talk
And the poet will sober up
And not take another drink
Sorry these seats are imaginary
Sorry these seats are reserved
There is standing room only
To look away from the stage
The show is about to begin
You have to vacate the premise
Or start talking to yourself
Begin the conversation
By saying nothing & continue
Saying nothing until you are
At a loss for words

Conversation in a Darker Room

With or without your permission
I promise to tremble at your presence
And deliberately say the wrong things
Trying my very best to impress you
To experience superb panic in paradise
Praising the details that define you
Who will be loved madly all the time
During the gentle and violent ceremony
Of losing our minds to find each other
And take credit for knowing everything
There is to know about feeling terrific
when the world ends for everyone but us
Tossing and turning forever together
In explicit evidence of enthusiasm
For the rules & violations of pleasure
All the days of our lives in a second
that will outlive the entire universe

Telephone Booth Number 19 or 60

death is all the mind
and so is Maria whose personality
slew the night and made the clouds
of my imagination bleed
tortured the infant who bargained
for the society of her breast
and on hearing the last poem
of the first poet who needed
her destiny to understand his
committed suicide in all my dreams

The First Day of Spring

Sweating in the midnight snow
Laughing and crying, actually dying,
Lost in the after effects of affection,
Sinking deeply into the highest level
Of delirium, sleepwalking backwards
In the process of becoming transparent
Extra holy and extremely excellent

Elated casualty of abstract emotions
Reaching for the safe side of oblivion
To celebrate the art of fullfillment
In the opposite direction of reality
Where the correct age of the universe
Is learned and forgotten immediately

To be reborn making no sense whatsoever
Talking the foreign language of dreams
Misunderstanding simple conversations
In the confusion of drowning peacefully
Seriously sober and tremendously stoned

Staggering proudly through the shadows
Of the unknown seeking remarkable state
Of no mind, ecstatic to be bewildered,
Falling out of the future into the past,
Protecting my principles from perfection
After rising from the dead in the arms
Of the woman who will write my epitaph

Iván Silén

La araña contra dios

¡Qué tarde nos trajeron para nada!

Soy Artaud

¿Quién mató a la madre?

¿Qué se hace después del grito?

La máscara

No soporto la lucidez

Tengo deseos

IVAN SILEN

Nació en Puerto Rico en el año de 1944. Tiene los siguientes libros de poesía publicados: Después del suicidio *(1970);* Los Poemas de Filí-Melé *(1976: Mención Honorífica* Revista Sin Nombre)*; y* El Miedo del Pantócrata *(1981). Ha publicado un libro de antiensayos titulado* El Llanto de las Ninfómanas *(1981: bilingüe). Pronto aparecerá su novela* La Biografía. *Trabaja en una segunda novela titulada* La copa del sapo, *y en su tesis doctoral:* Don Quijote: la lógica de la equivocación.

La araña contra dios

Te voy a decir con dolor lo que me
muero. Te digo: qué fue del tiempo
en la apariencia: mujer que vende rostros
y lluvias atrapadas en las letras.

Te voy a telegrar en mi soneto.
Peligro de la mano que mastica
su muñón: cobra que devora ratón:
espejo cóncavo (la voz mastica

su sonido): materia que huma de miedo
en vanitys de inmanencia.

Avanza la lengua por el puente.
El grito la sostiene sobre el tiempo.
La araña contra dios. Nace la araña.

¡Qué tarde nos trajeron para nada!

¡Qué tarde nos trajeron para nada!
Hoy que estamos en miedo de mujer
crucemos en silencio. No alces la voz
al viernes para descubrir el corazón

lleno de alfileres. ¡Que la vida
no nos alcance hoy! No nos descubra
en este tren que tomamos desconocido.
Corrupto de que te vi después

a ocultar el asesino en tantas madres:
en tres ambulancias: en dos mujeres
desconocidas de ellas, y sabias

del hombre espíritu de hilo para
la risa: buzo del cementerio
que roba las tardes como huesos.

Soy Artaud

¿Qué hora es ésta
para visitar el espanto?
Abrir el poema y sentir
que el esdrújulo
llora con la mano.

¿Qué voz es ésta
para visitar al hablante?
Sufrir la amapola,
la saliva del esquizoide,
el rocío.

¿Quién desde la pared
con alfileres me pronuncia?
Tal vez el orejero,
o el orinador
que cambia gonorreas por insomnios,
que come mígalas,
mariposas.

Las doce del espanto
y no sabes dónde escondiste el brazo.
Tu llanto llora por ti
debajo de la falda.

Y la mujer desnuda ausente,
ausente el culo de la hembra.

¿Cómo cruzar el espanto a candelabros?
¿Cómo cruzar el espanto a dos costillas?

La mujer de la última crisis
te mira del mantel
sobre el espacio.

Para que el poeta
exprima el semen, seque la lluvia,
el punto, la pared.

Suicida del último teléfono
cose su vulva al bicho,
su boca al labio,
la sombra a muerte.

¿Dónde otro afeitarme
en el espejo? Y sentir
la mano ajena, la falsa
mano del intruso
que me llama.

¿Qué hora es ésta
para que el espanto me visite?

Soy Artaud,
me visita el pensamiento.

¿Quién mató a la madre?

¿Quién mató a la madre? Si la madre
es espacio curvo. La madre es muerte
curva. Jorobada: feto que crece
como un miedo. Alacrán que crece

mariposa: tiempo alrededor de nadie.
Traje vacío. Espejo vacío. Brocado
de los monasterios donde la araña
se hospeda en los espacios curvos. Porque

aún eres la A. en el presente de ambos
donde no está B: Monje del pezón: "¡Agua,
agua!" No hay tiempo para ver el

pasado de A. (Jamás en su presente):
¿Quién disparó si la luz es curva?
Avisa a la madre: "¡Corre! ¡Agua, agua!"

¿Qué se hace después del grito?

¿Qué se hace después del grito?
¿Cómo se abotona la camisa?
¿Para qué me trajeron
sin usar de nuevo?
¿Para qué el botón?

Si es inútil vestir al loco.
Sacarlo a que se ría.
A que se orine en las vitrinas.
A que beba café.
Es inútil medirlo con la regla.
Inútil el tiempo de madera.
La taza de madera.
La risa de madera.

¿Qué se hace después del grito?

El loco se llama "nombre propio".
¿Su risa es qué tiempo del andar?
¿A cuántas vueltas de nuevo
otra vez dios?
¿A qué frío del sudor otra vez nadie?
Y das con el ángel en la mesa.
Con el pantis en la mesa.
Con el pene llamas al tiempo:
¡Tiempo!
¡Tiempo!
Y te ríes sobre un zapato.

Me sacas a pasear después del grito.
Te abotonas la camisa.

La máscara

Hoy solamente es lunes. Y manaña
volverá a ser lunes nuevamente. Estoy
en el extremo de la noche. Y
nadie de la máscara te besa.

Porque soy irreal como irreal tú eres
cuando permites que dios alquile el taxi
para que en la realidá seamos

los pasajeros de la muerte. No me busques
de tu cuerpo enamorado, ni con los
sobres mojados me obligues a ser

el personaje neutro de la noche.
No te vistas de mujer, ni golpees
en la máscara. No abriré. No existo.

No soporto la lucidez

No soporto la lucidez,
me quema.

Estoy incendiado
por tus dieciocho años
como dieciocho espejos:
las muñecas arden:
polillas llegan de sus ojos.
Los esprines del corazón
saltan, y la guata
de mi lengua—mi voz—
descompuesta en el eco
llama entre tus piernas
las muñecas rosas del
suicidio.

(Otra vez esa palabra
aumentando la lucidez
del extraviado.)

No soporto el electroshok
de mi sexo entre tus
piernas.

La muñeca de ti
(tu placer asustado me contempla)
en tiempo, en frisas,
y refugiada en no gozar lo insólito
bebes lo jamás y
el tiempo.

No soporto el electroshok.
La indiferencia es total.

Tengo deseos

Quiero irme
—eso es lo único que deseo—
ser la sombra del ser.
Alquilar mi hueso
a los que rían
(como río cuando soy)
en las flautas del tiempo.
Y olvidar
que existo, hoy, vacío
diciendo de Hegel
lo que sólo sé de mí.

Tengo deseo de ser
la metafísica que no vuelva.
Tomar mi bicicleta
y precipitarme al vacío
como la muñeca
que cae de las ventanas.

Tengo deseos de soñar que sueño
y morir inútil a mi muerte,
y ponerme en una caja-de-cartón
y mostrar que muero.

Tengo deseos de quejarme,
así,
contra tu olor,
golpear contra tu olor
y celebrar los gusanos
que regresan
metafísicamente.

Exhibir mi cuerpo
en la caja donde sueña
y tirarle piedras y mañanas,
espejos y ternuras
para que despierte
a su muerte de una vez
metafísicamente.

Tengo deseos de no estar.
De no haber pasado nunca.

Klemente Soto Vélez

Caballo de palo (fragmento)

KLEMENTE SOTO VELEZ

Nació en Puerto Rico en el año 1905. Junto a Miranda Archilla es el poeta más importante del atalayismo—la atalaya de los dioses: Fernando González Alberti y Alfredo Margenat. Ha publicado los siguientes libros de poesía: Abrazo interno *(1954);* Arboles *(1955);* Caballo de palo *(1959) y* La tierra prometida *(1979). Mientras estuvo preso por la lucha de la independencia de Puerto Rico sus amigos publicaron su ensayo filosófico* Escolios, *que será publicado próximamente. Trabaja en un nuevo libro titulado* Mujer-hombre, hombre-mujer.

Caballo de palo *(fragmento)*

Lo conocí
corriendo
detrás de su persona
como la luz tras de su cuerpo
o como el amor que salta
de alegría
cuando encuentra
sus ojos.

Lo conocí
viajando
por dentro de los pájaros
que llevan
el espacio colgando de sus picos
como pasaporte sideral
para que el acto de crear
are la tentación de sus cuidados.

Lo conocí
abasteciendo
el disgusto en toda su fortuna,
con la hemoglobina virjinal
que forma
en la palabra cada rosa.

Lo conocí
dejando
a su sueño dormir
en azoteas para probar
la amarga dulzura de la luna.

Lo conocí
poniendo

la noche de almohada
por no desconsolar
a la fatiga
ni al signo triangular de la certeza
donde el afecto abre
sus rosas de cien hojas.

Lo conocí
remando
contra sueños horizontes auríferos
donde la tierra
es huésped de la luz sin traje y sin sombrero,
y la libertad
líquido en su jirar de marullos de nubes
con alas persuasivas,
donde ninfas de piedra, de perfiles perfectos,
ajitan
la mente de los bosques traspasados de pena,
duros como el diamante que se pule
las uñas
con el carbón paciente
que lleva
entre los brazos.

Lo conocí
durmiendo
con sillas
que no saben maltratar
a su prójimo,
con sillas mañaneras,
con sillas dadivosas,
con sillas comunicativas,
con la disposición de no calumniar
el desayuno
ni de ser testimonio de espaldas aburridas.

Lo conocí
entregando
certidumbres de la piel bronceada
para verlas andar
sobre el crepúsculo de sus piernas hermosas,
donde renacimientos de huesos sonrosados
sueñan
como la claridad entre flautas templándose.

Lo conocí
abrazando
la carne enternecida del llanto del rocío
para no detestar
la alegría dolorosa de ser
pesadumbre celeste para la hoja
leve que nutre
el desamparo.

Lo conocí
temiendo
perder el arcoiris extraño de la muerte
que doma su caballo
cuando corre
la lluvia con sus cascos sonoros,
hacia los vecindarios de camisas dolientes,
donde los huesos jimen
y las canciones lloran
como tambores fúnebres de un entierro de estrellas.

Lo conocí
encendiendo
lámparas como diáfanos niños
que ansían beber
agua de luz que limpia
con sus cálidas manos,
la frente del arrullo que vuela
como el manantial sediento de palomas.

Lo conocí
elijiendo
aulladeros de ensueños como eclipses
hambrientos,
para no empobrecer
los colmillos de una tierra sin luna
o aullidos de noches disecadas,
donde la calidez de la joven palabra
recobra
la sangre que pierde
velando a su cuerpo.

Lo conocí
bebiendo
placer de pesadumbre alegre
que ya no tiene
cielo para alojar
el licor placentero de su miel de amargura,
porque su cuerpo
es copa para los ríos sedientos.

Lo conocí
saliendo
a liberar
a la joven piedra de hastío encanecida,
que riela
sola
como la o expansiva de universos lentísimos
entre cielos empedrados de lobos.

Lo conocí
soñando
como hombre
que sigue el curso de la espiga,
no atreviéndose
el tedio a llorar

sus caminos por ser
la música jentil de su cadáver
nevada muerte de música de llama.

Klemente Soto Vélez
nació
un mes de enero
en Puerto Rico
como si hubiese visto
en Madrid
el aire primero de la vida,
como si hubiera tocado
en París la primavera,
como si su infancia auroral
hubiera florecido
en Atenas o en Roma,
como si su grito inicial
se hubiese oído
en Berlín o en Ejipto
o en la India,
en Libia o en Liberia,
en Lisboa o en Marruecos,
en Río de Janeiro o en Etiopía,
en Túnez o en Londres,
en Buenos Aires o en México,
en Paraguay o en Chile,
en Ecuador o en Lima,
en Haití o en Colombia,
en Bolivia o en la República Dominicana,
en Costa Rica o en Guatemala,
en El Salvador o en Honduras,
en Panamá o en Venezuela,
en Montevideo o en Nicaragua,
o en Cuba
con sangre de amaneceres bravos...

o en Yugoeslavia o en Béljica
donde Vesalio le roba
a la muerte un cadáver rociado de luna
para su laboratorio de emoción y tendones,
o en Finlandia
que cosecha
la pasión de la nieve como galán que besa
bajo el agua a su novia,
o en Suecia
ocupada en medir
su frontera de rosas con cinturas de espigas,
o en Noruega
donde la intelijencia arresta
entre recuerdos la frialdad del olvido...

o en Islandia
que pesca
velámenes de piel submarina
para la flota volátil de ensueños,
o en Arjelia
donde Africa
es novia de los héroes lejítimos...

o en Corea
en cuyo suelo crepúsculos como buitres
dorados, presiden
hecatombes de lirios,
como aves feroces de cielos sepultados...

Lo conocí
ayudando
a no enterrar
su muerte
para dar
testimonio del cadáver que canta
en su acompañamiento como voz sideral
de la tierra de ánjeles.

Lo conocí
desadueñándose
de la hermosura que recrea
su esqueleto con estiércol de plumas,
porque la imitación sustituye
sus piernas
con el ayer de hoy
en su eternidad perecedera.

Lo conocí
apoderándose
de la sonrisa de la muerte
para dormir
con ella en los tejados...

Lo conocí
internándose
por la claridad
de su palabra oscura,
como el niño que no encuentra
la luna
en el agua dormida.

Lo conocí
iniciando
piedras descamisadas en donde ya el estómago
no es
una frustración
hollando entre luciérnagas,
sino maizal que sube
la voz de sus espigas
hasta la resonancia
de un allá
empapado de pueblo.

**LO CONOCI
SUMERGIENDO**

SU CABALLO DE PALO EN EL AGUA NEGRISIMA,
DONDE LA FANTASIA RELUMBRA
COMO VIRTUD QUE CAE
ALZANDOSE
HASTA SU FRENTE INGENUA,
DONDE LA MUERTE ARQUEA
LA SOMBRA DE SU ESPEJO.

Lo conocí
soñando
con ser
imajen viva
de ser
en su acabarse de vivir persistente,
como cristal precoz
que da
de sí
en su intento de ver
la gracia de su forma
alzada a voz de dura transparencia.

Lo conocí
hostigando
la miel desmayada de cabellera rubia,
que va
por su escasez, repleta de jardines,
como el acaudalado pastor de la pobreza,
sin entender
la dura suavidad
del sosiego intranquilo,
que no deslíe
el placer del salto cristalino que goza
en su incipiencia la madurez vestida
en su forma encarnada,
con un olor azul de ojos extraordinarios
como el mundo feliz de una muñeca viva.

Lo conocí
siendo
silencio único
de los embarcaderos
donde no palpa su altura el ruido
que da
vueltas con las cejas fruncidas...

donde la virjen nocturna del cielo
es una estatua aérea
de mineral romántico, sin luz en el ombligo,
a donde va
y retorna
en excursión de idilios estelares,
el pueblo enamorado del alma universal,
donde la ciencia
es pueblo que vuela
convencido
de que el espacio
por su materia canta
en la lengua dulcísima del poeta terrestre...

donde lo milagroso es
ventana que mira cerrándose
los ojos,
donde el misterio admira
a su persona
liberándose del lujo del sepulcro,
donde el cadáver soñador de la tierra
se sostiene
del aire que su belleza inventa.

Clemente,
déjame llamarte
por tu nombre, aunque no sé
quién eres...

Clemente,
por la sed que bebe
de tu estrella
te digo
que yo moriré
antes que tú, porque muriendo
tengo que vivir
por tu vida, sin que tú me conozcas
y sin yo conocerte,
pero es más importante saber
que no nos conocemos siendo
tan entrañables e íntimos amigos...

yo guardo
con la mía la espalda tuya,
y esto lo puedo escribir
con tu K de Clemente.

Lourdes Vázquez

Ritos

El caimán enjaulado

Los silbos de la especie

El desierto

Las hembras

LOURDES VAZQUEZ

Nació en Puerto Rico en el año de 1949 y allí vivió hasta su reciente mudanza (1981) a la ciudad de Nueva York. Es bibliotecaria en la New York Public Library. Tiene un libro de poesía inédito titulado La caracola hilando.

Ritos

Enliando el día en el bolsillo
se lanza por la superficie de su casa
con calderos de agua mansa
lava sus mosquiteros
cocina sus algarrobas
amarra los pájaros
acurrucándolos en la arena.

Por el tejido de sábanas que cubre la madera
vigila al habitante contiguo,
baña sus huevos
uno por uno, perfumándolos.

Acicala la gallina
que sale de la pajarera
descubriendo los pañuelos que dan al ventanal.

Anda despacito por debajo de la polilla
a pesar de que en la mano le cuelga ese extraño
pájaro de cristal.

El caimán enjaulado

Siento hambre
cuando despellejo
gelatina babosa, crema dulce
se doblan las páginas.

                     (no es importante)

Me das un cigarrillo
que se adentra de roto en roto.

Esta boca: vasija de sonora delicia,
humo sumergido dentro de mis piernas.

Los silbos de la especie

Con traje de algodón
abanicándome las raíces
y no tocar el tronco
porque es de arroz y avena
no palpar mi camino-decías
es que huele a culto de ave muerta.

Es de notar silencios
cuanto te presiento
cal y tierra
y no sé si has muerto
entre tanta maleza
castigo manjares
depositados en cartón-vasija
corro por sangre rota
en huecos de árboles
me encierro y mitigo la sed
con gallos húmedos
silbo sola por los sueños
en silencio y sin que nadie me vea.

El desierto

Entramos por un espejo
para sacar semen del desierto,
negros de plata
abren nuestros órganos.

Reventamos vidrios contra pájaros,
para que de noche podamos amarnos
a través de esperanzas que se aglutinan
en la caja del tiempo.

Las hembras

Coloqué el mazo de yerba
dentro de mis pechos,
abanicándome
lo arrojé a la profundidad más alta
llevándome conmigo un poco de arroz.

La sustancia para moler el quebranto
la descubrí al otro lado del río.
Ensordecida, la vi planchando el sueño.
Con su ojo de vidrio
cobraba el uso del agua,
pidiendo desarmada por su pobreza
o por esas hembras palúdicas
que depositan el silencio
en una caja de hierro
a cambio de comida.

"Telephone Booth Number 19 or 60" de Pedro Pietri apareció originalmente en *Giant Talk: an Anthology of Third World Writers,* comp. Quincy Troup y Rainer Schulte (New York City: Random House, 1975).

"Fábula de la garza desangrada", "Requiem", y "La fuerza de la sangre", se publicaron en el poemario. de Rosario Ferré titulado *Fábula de la garza desangrada* (México: Joaquín Mortiz, 1982).

"Mester de perrería", "Balada para una historia secreta", "Puentes levadizos", y "Ya hablaremos de nuestra juventud", formaron parte de la colección de la poesía de Pedro Lastra que lleva el título de *Noticias del extranjero* (México: Premiá, 1982)

Los poemas "La muerte estaba sentada", "Visión de Hiroshima", y "Don Juan", de Oscar Hahn, fueron incluidos en *Arte de morir* (Maryland: Hispamérica, 1977).

"Pentacromía", "Poema de la íntima agonía", "Donde comienzas tú", "Canción amarga", "En la ribera", "Dadme mi número", de la poetisa Julia de Burgos, se recogieron en *El mar y tó* (Rio Piedras: Ediciones Huracán, 1980).

Caballo de palo de Klemente Soto Vélez (New York: Las Américas Publishing Co., 1959) es la versión completa del fragmento aquí incluido.

Todos los poemas de Isaac Goldemberg proceden de *Hombre de paso/Just Passing Through* (Hanover: Ediciones del Norte, 1981).

"En Nueva York el otoño huele a cenizas" de Dionisio Cañas, es del libro *El olor cálido y acre de la orina* (Barcelona: Editorial Vosgos, 1977).

Los poemas de Roberto Echavarren forman parte de *La planicie mojada* (Caracas: Monte Avila, 1980).

[1]Grateful acknowledgement is made to the publishers Joaquín Mortiz, Premiá, Random House, Hispamérica, Ediciones Huracán, for permission to incorporate material for this anthology.